会计学国家级教学团队系列教材

暨南大学成人教育会计本科系列教材

《经济数学》学习指导

Mathematics for Economics

王 林 编著

暨南大学出版社
JINAN UNIVERSITY PRESS

中国·广州

图书在版编目（CIP）数据

《经济数学》学习指导/王林编著. —广州：暨南大学出版社，2016. 8
（暨南大学成人教育会计本科系列教材）
ISBN 978 - 7 - 5668 - 1846 - 1

Ⅰ. ①经… Ⅱ. ①王… Ⅲ. ①经济数学—成人高等教育—教学参考资料 Ⅳ. ①F224. 0

中国版本图书馆 CIP 数据核字(2016)第 100484 号

《经济数学》学习指导
JINGJI SHUXUE XUEXI ZHIDAO
编著者：王 林

出 版 人：徐义雄
策划编辑：潘雅琴
责任编辑：邓家昭
责任校对：周海燕
责任印制：汤慧君 王雅琪

出版发行：暨南大学出版社（510630）
电 话：总编室（8620）85221601
营销部（8620）85225284 85228291 85228292（邮购）
传 真：（8620）85221583（办公室） 85223774（营销部）
网 址：http：//www. jnupress. com http：//press. jnu. edu. cn
排 版：广州市天河星辰文化发展部照排中心
印 刷：佛山市浩文彩色印刷有限公司
开 本：787mm × 1092mm 1/16
印 张：10. 5
字 数：170 千
版 次：2016 年 8 月第 1 版
印 次：2016 年 8 月第 1 次
印 数：1—3000 册
定 价：29. 80 元

总　序

会计是经济信息系统的重要组成部分和一种国际商业语言。将会计主体的财务信息真实、完整、及时地传递给内外部财务信息使用者，并满足这些财务信息使用者决策时的需要，这些对政府、投资者、债权人和管理者都是非常重要的。近年来，我国资本市场的诞生、规范和发展，彻底改变了我国企业传统的财务管理理念与方法，企业的投融资管理面临新的环境、方式和方法。财务与会计执业者所面临的各种外部环境(包括经济、政治、法律、文化环境等)发生了深刻变化，在经济全球化和管理信息复杂化的时代，会计人才不仅应具有系统、完备的会计与公司理财等方面的知识和技能，而且还必须具备国际视野，全面掌握国际会计准则，懂得国外主要经济体的相关会计法规、国际资本市场运行规律和其他相关的知识与技能。在这种背景下，为了满足会计人员学习、更新知识的需要，暨南大学会计学系、暨南大学教育学院、暨南大学出版社共同筹划了“暨南大学成人教育会计本科系列教材”，邀请暨南大学会计学系在各个学科具有丰富教学经验、有影响力的专家组成教材编写委员会，组织编写该系列教材，力求推出一套“理论与实务并重，本土化与国际化相融合，能够反映当前学科发展前沿水平，符合成人教育会计学本科特点的精品系列教材”。

“理论与实务并重”就是要针对会计学是实务性很强的经济管理科学这一特点，研究各成教会计教材所涉及的相关理论、方法及其应用，分析每一本教材的特点、难易程度和导读规律。既要讲清楚理论概念，又要设计必要的实例，通过案例教学，培养学生的实操能力。

“本土化与国际化相融合”就是要针对会计准则的国际趋同化与财务管理的国际市场化等趋势，在教材中充分借鉴国际标准和国外知名企业的先进管理理念和方法，并充分体现中国会计的特色和经验，力争做到本土化与国际化的有机结合。

“能够反映当前学科发展前沿水平”是指本系列教材应该在继承现有教材的优点和特色的基础上，吸收当前相关理论和实务操作的最新研究成果和发展动态，补充和修改相关教材体系与内容。其目的是使教材能够更好地适应新的环境变化，满足学生获取更多知识、增强专业技能的要求。

成人教育会计本科系列教材建设是一项长期而艰巨的任务，多年来，我们为此作出了不懈努力。我国的经济发展与改革日新月异，环境变化多样且复杂，相关理论和实务操作的研究成果不断涌现，由于我们的水平有限，本系列教材中存在的不周之处，恳请读者批评指正。

暨南大学成人教育会计本科系列教材编审委员会

2011年3月

前　言

随着《经济数学》教材的出版，本书得到了广大青年学员的认可，为了更好地配合该教材的学习，我们结合成教学员的特点，编写了这本辅导教材。成教学员一边工作，一边学习，无足够时间进行预习、练习和复习，学员数学基础较差和对过去所学知识的遗忘都是制约其学习的重要因素。长期以来，我们一直都在考虑如何减轻学员在学习过程中的困难及压力和障碍，减少初学者对高等数学的畏难情绪。编写此辅导教材时，我们加强了针对性，立足降低难度，注重过程的阶梯性，尽量从中学数学基础知识点引入和推进所学内容。

数学学习，重在理解概念，掌握方法，熟练技能，本书对于每一章具体内容的学习目标和要求都作了归纳，对每一章的重点和难点也作了总结，对一些疑难问题作了详尽的解析，尤其是对于一些较高难度的习题给出了详细的解答过程。

本书涵盖教学大纲中列为基本要求的全部内容，以高等数学的基本知识、基本原理和基本技能为主要内容。

本书的编写得到了暨南大学成人教育会计本科系列教材编审委员会的大力支持，也得到了同行老师的协助，在此表示衷心感谢！

由于作者水平有限，书中难免存在不足之处，恳请专家、同行和读者批评指正。

作　者

2016 年 6 月 4 日

目　录

第一章　函　数

一、学习要点

1. 理解函数的概念.
2. 理解分段函数的概念.
3. 了解函数的四个基本性质.
4. 理解反函数及复合函数的概念，了解复合函数的复合和分解过程.
5. 掌握基本初等函数的图像和性质.
6. 学会建立简单经济问题的函数关系.

二、重点、难点解析

1. 关于函数的概念

（1）对于函数定义域中任一自变量 x，按某种关系，都有唯一的 y 值与之对应.

（2）函数的表示符号 $y=f(x)$ 中，x，y 表示两个变量，字母 f 表示对应关系，不同的函数对应关系可以用不同的字母符号如 g，h，…，来表示.

（3）两个函数相同的充要条件是定义域和值域相同，且对应关系相同.

2. 分析函数定义域时应注意以下几个方面

（1）分母不能为零；

（2）偶次根号非负；

（3）对数的底大于零而不等于 1，真数大于零；

（4）三角函数和反三角函数要符合其定义；

（5）如果函数的表达式是由若干项组合而成，则它的定义域是各项定义域的公共部分.

例 1 求下列函数的定义域.

(1) $y=\frac{1}{\sqrt{5-x}}+\lg(1-x)$； (2) $y=\begin{cases}e^x, & -5<x\leqslant 0\\ \frac{1}{x}, & 0<x<5\end{cases}$.

解：(1) 为使函数有意义，应有

$$\begin{cases}5-x>0\\1-x>0\end{cases}$$

即$\begin{cases}x<5\\x<1\end{cases}$，所以，原函数的定义域：$(-\infty, 1)$.

(2) 两个分段区间是$(-5, 0]$和$(0, 5)$，取它们的并集得所求函数的定义域为$(-5, 5)$.

3. 对分段函数的理解

(1) 分段函数是定义域上的一个函数，不是多个函数；

(2) 它的定义域是各部分的取值范围的集合；

(3) 求分段函数的函数值时，要根据自变量所在的范围选用相应的解析式.

例 2 函数$f(x)=\begin{cases}x^2+1, & x>0\\ 0, & x=0\\ x-1, & x<0\end{cases}$，求$f(2)$，$f(0)$，$f(-2)$.

解：不同的自变量须选用不同范围的函数解析式求函数值.

因为$x=2>0$，所以，$f(2)=2^2+1=5$

同理 $f(0)=0$

$f(-2)=-2-1=-3$.

4. 函数的性质

函数的性质可分为：有界性、奇偶性、单调性和周期性.

其中单调性是较难理解的.

定义：函数$y=f(x)$的定义域为数集A，对于A上任意两点x_1和x_2，当$x_1<x_2$时，如果$f(x_1)<f(x_2)$（或$f(x_1)>f(x_2)$），则称函数$f(x)$在数集A上单调增加（或单调减少）.

函数$f(x)$在数集A上单调增加或单调减少称为函数在数集A上具有单调性，数集A称为函数$f(x)$的单调区间. 若函数$f(x)$在A上是单调增加，则称为增函数；若函数$f(x)$在A上是单调减少，则称为减函数.

换句话说：函数$f(x)$若随着自变量的增加，函数值也增加，就是增函数；函数值随着自变量的增加而减少，就是减函数.

从函数图像上看，增函数的图像从左至右，是升高的，如图 1－1 所示；减函数的图像从左至右是下降的，如图 1－2 所示.

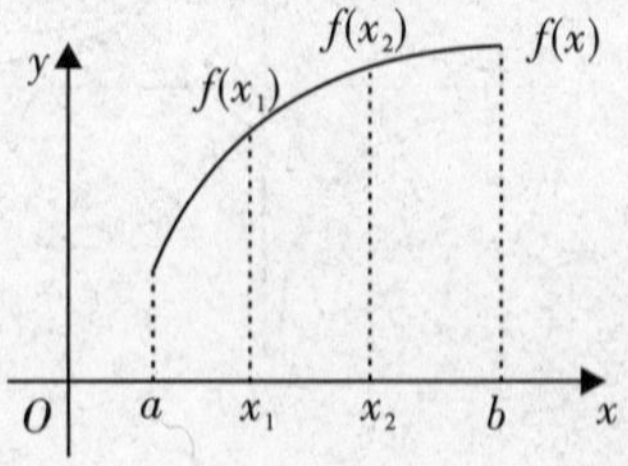

图 1－1

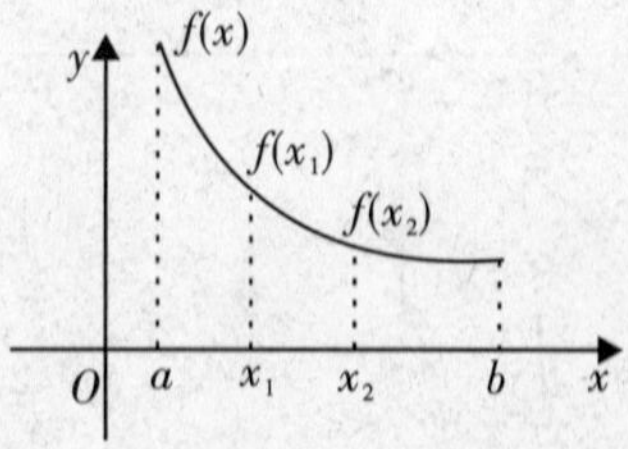

图 1－2

5. 对反函数、复合函数的理解

（1）函数$y=f(x)$的定义域为 **D**，值域是 **R**，函数$y=f^{-1}(x)$的定义域为 **R**，值域是 **D**，两个函数互为反函数，原函数的定义域是它的反函数的值域，原函数的值域是其反函数的定义域.

（2）函数$y=f(x)(x\in \mathbf{D})$有反函数的条件是 **D** 与 **R** 为非空数集，并且函数$y=f(x)$是由 **D** 到 **R** 的一一对应关系.

（3）互为反函数的两个函数的图像关于直线$y=x$对称.

（4）复合函数是由两个或两个以上的简单函数通过叠加复合构成. 它揭示了两个变量的关系可由两个或两个以上的函数关系复合构成，同时我们也可把这种复合关系分解成几个简单函数.

6. 基本初等函数及其性质

基本初等函数通常指以下六类函数：常值函数、幂函数、指数函数、对数函数、三角函数和反三角函数.

（1）幂函数$y=x^{\mu}$（μ为实数）.

1）幂函数$y=x^{\mu}$的图像：

当μ取正数或负数时，它们的图像在第一象限内，函数的增减情况有明显不同. 当$\mu>0$时，如图 1－3 所示；当$\mu<0$时，如图 1－4 所示.

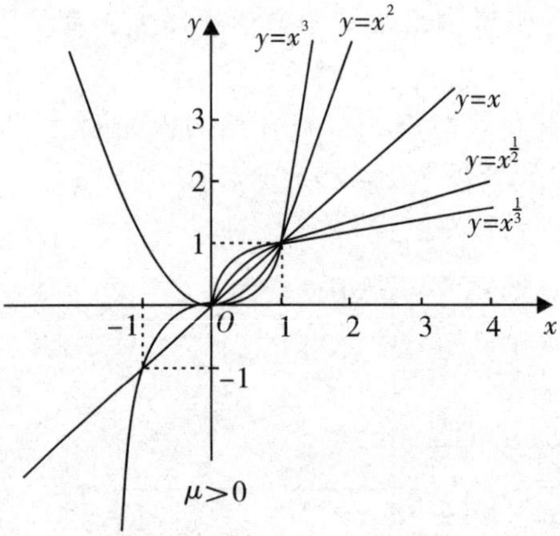

图 1－3

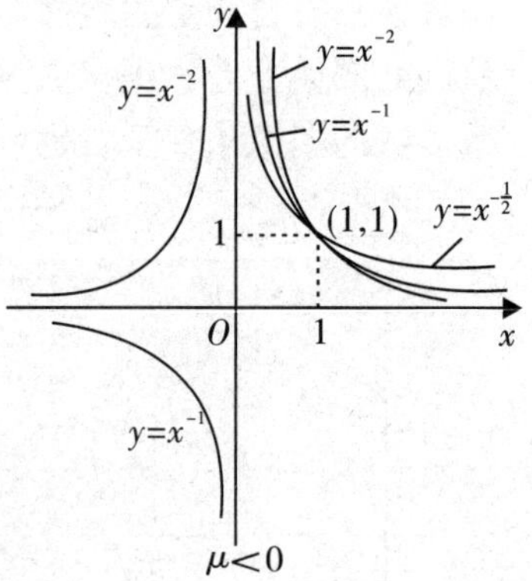

图 1－4

2）幂函数的性质：

(a) 所有的幂函数在$(0, +\infty)$上都有定义，并且图像都经过点$(1, 1)$.

(b) $\mu>0$ 时，幂函数的图像通过原点并且在区间$[0, +\infty)$上是增函数.

(c) $\mu<0$ 时，幂函数的图像在区间$(0, +\infty)$上是减函数.

(2) 指数函数 $y=a^x$(a 为常数，$a>0$，$a\neq1$).

指数函数的图像：

当 $a>1$ 和 $0<a<1$ 时，指数函数 $y=a^x$ 的增减情况明显不同，如图 1－5 所示.

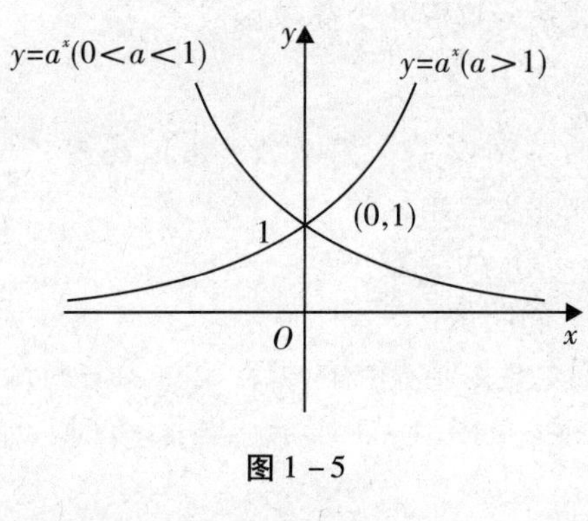

图 1－5

指数函数的图像特征和性质可总结如表 1 - 1 所示.

表 1 - 1

图像特征		函数性质	
$a>1$	$0<a<1$	$a>1$	$0<a<1$
从左至右，逐渐升高	从左至右，逐渐下降	增函数	减函数
函数图像都在 x 轴上方，都向 x 轴无限接近，都经过点(0，1)		函数定义域为 **R**，值域为 $\mathbf{R}^+$ 非奇非偶函数	

（3）对数函数 $y=\log_a x$（a 为常数，$a>0$，$a\neq 1$，$x>0$）.

对数函数的图像：

当 $a>1$ 和 $0<a<1$ 时，指数函数 $y=a^x$ 的增减情况明显不同，如图 1 - 6 所示.

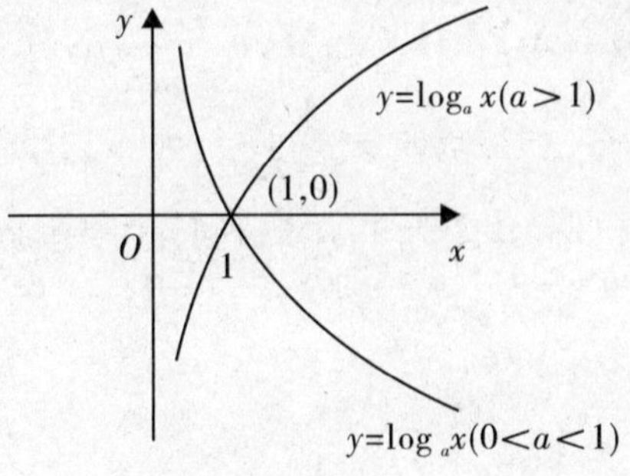

图 1 - 6

对数函数的图像的特征和性质可总结如表 1 - 2 所示.

表 1 - 2

图像特征		函数性质	
$a>1$	$0<a<1$	$a>1$	$0<a<1$
从左至右，逐渐升高	从左至右，逐渐下降	增函数	减函数
函数图像都在 y 轴右侧，都向 y 轴无限接近，都经过点(1，0)		函数定义域为 $\mathbf{R}^+$，值域为 **R** 非奇非偶函数	

(4) 三角函数.

三角函数的定义：

在初中数学中，我们学过锐角三角函数，这个函数是被定义在直角三角形中的，到了高中，我们对角的范围进行了推广，设 α 为一任意角，把角放在直角坐标系里，使角的顶点与坐标系原点重合，角的始边与 x 轴重合，终边上任一点 P 的坐标为 (x, y)，它与原点的距离为 r，

$$r=\sqrt{x^2+y^2}$$

则 $\sin\alpha=\dfrac{y}{r}$；$\cos\alpha=\dfrac{x}{r}$；$\tan\alpha=\dfrac{y}{x}$.

$\csc\alpha=\dfrac{r}{y}$；$\sec\alpha=\dfrac{r}{x}$；$\cot\alpha=\dfrac{x}{y}$.

根据定义，可推导出同角的三角函数关系：

商数关系：$\tan\alpha=\dfrac{\sin\alpha}{\cos\alpha}$，$\cot\alpha=\dfrac{\cos\alpha}{\sin\alpha}$.

平方关系：$\sin^2\alpha+\cos^2\alpha=1$，$1+\tan^2\alpha=\sec^2\alpha$，$1+\cot^2\alpha=\csc^2\alpha$.

倒数关系：$\sin\alpha=\dfrac{1}{\csc\alpha}$，$\cos\alpha=\dfrac{1}{\sec\alpha}$，$\tan\alpha=\dfrac{1}{\cot\alpha}$.

根据定义，也可推导出各三角函数在各个象限内的取值符号，如图 1－7所示.

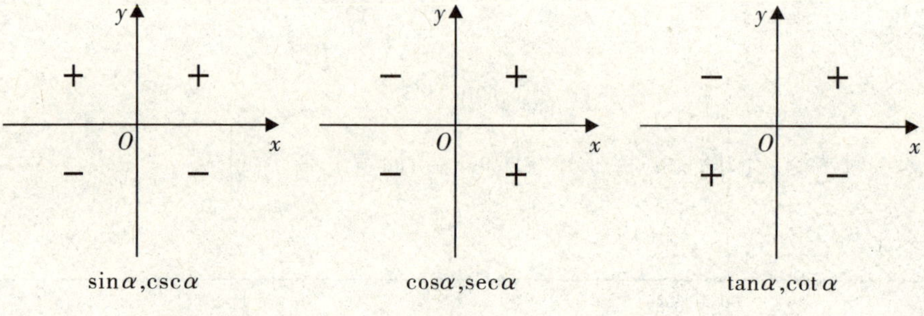

图 1－7

(5) 反三角函数.

在三角函数中，若限定了一定的定义域和值域，自变量和函数值是一一对应的关系，那么三角函数就存在着反函数.

$y=\sin x$ 的反函数为 $y=\arcsin x$，其定义域为$[-1,1]$，值域为$\left[-\frac{\pi}{2},\frac{\pi}{2}\right]$.

$y=\cos x$ 的反函数为 $y=\arccos x$，其定义域为$[-1,1]$，值域为$[0,\pi]$.

$y=\tan x$ 的反函数为 $y=\arctan x$，其定义域为$(-\infty,+\infty)$，值域为$\left(-\frac{\pi}{2},\frac{\pi}{2}\right)$.

$y=\cot x$ 的反函数为 $y=\operatorname{arccot} x$，其定义域为$(-\infty,+\infty)$，值域为$(0,\pi)$.

它们的图像如图 1－8 所示.

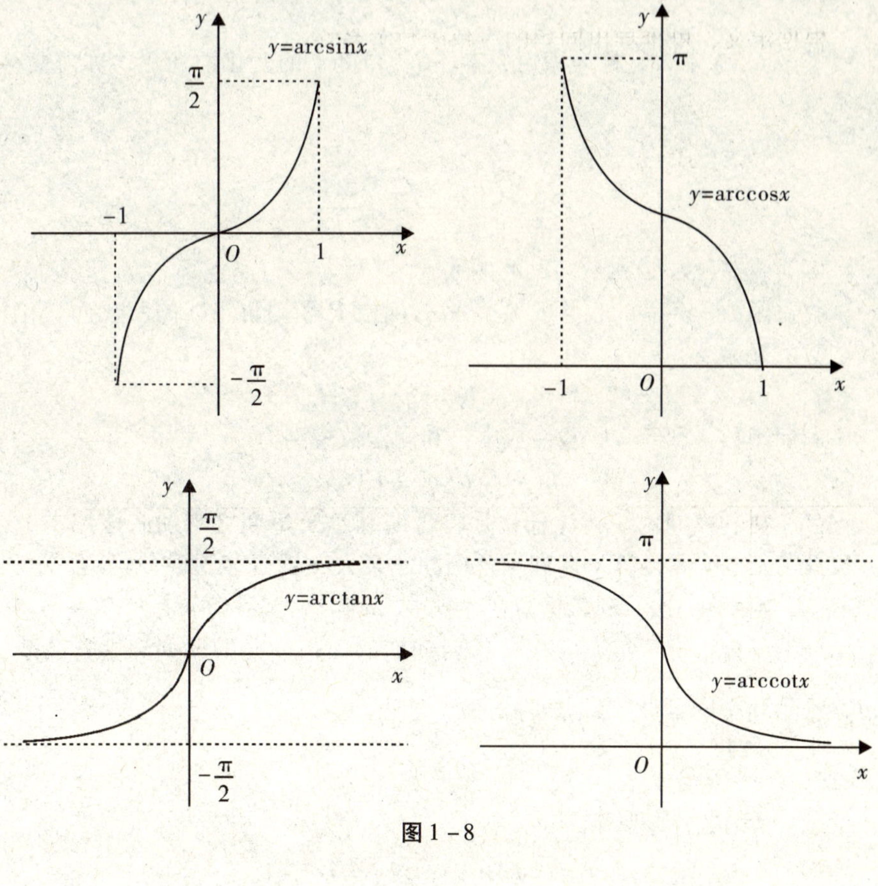

图 1－8

7. 在经济学中常见的函数

用数学方法解决经济问题，通常要建立经济问题中的函数关系，即针对成本、产量、市场参数、收益、利润等变量的相互关系建立一个数学模型.

(1) 需求函数：需求量 Q 可看成价格 P 的函数，称为需求函数，记为 $Q=Q(P)$.

(2) 供给函数：一种商品的市场供给量 S 与该商品价格 P 有密切的关系，供给量 S 可看成价格 P 的函数，称为供给函数，记为 $S=S(P)$.

(3) 成本函数：一般来说，成本 C 与产品的销售量或产量 q 有密切关系，成本 C 可看成产量的函数，记为 $C(q)$.

总成本由固定成本与变动成本构成：

$$C(q)=C_0+C_1(q)$$

其中 C_0 为常数，称为固定成本；$C_1(q)$ 随 q 的变化而变化，称为变动成本.

平均成本函数为：

$$\overline{C}(q)=\frac{C(q)}{q}=\frac{C_0}{q}+\frac{C_1(q)}{q}$$

(4) 收益(收入)函数与利润函数.

收益函数：商品的收益 R 随商品的价格 P 和销售量 q 的变化而变化，其函数关系为

$$R=Pq$$

利润函数：利润 = 收益 - 成本，利润函数模型为

$$L(q)=R(q)-C(q)$$

(5) 复利模型：复利计息就是将每期利息于每期之末加入该期本金，并以此为新本金再计算下期利息. 例如，某人在银行存入现金 p 元，年利率 r，每年结算一次，利息仍留在存款中，n 年后，其本利和为 $p(1+r)^n$.

(6) 贴现模型：某人有在 n 年后到期的面值 p 元的票据到银行贴现，设贴现年利率 r，则这票据的现值为 $\frac{1}{(1+r)^n}p$.

三、典型例题解析

例 1 已知函数 $f(x)=x^2+4x-5$，求 $f(0)$，$f(1)$，$f(-x)$，$f(x+1)$，

$f(\frac{1}{x})$.

解：$f(0)=0^2+4\times0-5=-5$

$f(1)=1^2+4\times1-5=0$

$f(-x)=(-x)^2+4\times(-x)-5=x^2-4x-5$

$f(x+1)=(x+1)^2+4\times(x+1)-5=x^2+6x$

$f(\frac{1}{x})=(\frac{1}{x})^2+4\times(\frac{1}{x})-5=\frac{1}{x^2}+\frac{4}{x}-5$

例2　已知函数

$f(x)=\begin{cases}e^x-1, & -3<x\leqslant0\\ x^2+2, & 0<x<3\end{cases}$，求 $f(-x)$，$f(-1)$，$f(2)$，$f(0)$.

解：当 $-3<x<0$ 时，有 $0<-x<3$，故

$f(-x)=(-x)^2+2=x^2+2$

当 $0\leqslant x<3$ 时，有 $-3<-x\leqslant0$，故

$f(-x)=e^{-x}-1=\frac{1}{e^x}-1$

即 $f(-x)=\begin{cases}x^2+2, & -3<x<0\\ \frac{1}{e^x}-1, & 0\leqslant x<3\end{cases}$

按函数在不同区间的表达式，分别得

$f(-1)=e^{-1}-1=\frac{1}{e}-1$

$f(2)=2^2+2=6$

$f(0)=e^0-1=0$

例3　已知函数 $f(x+1)=x^2+4x-3$，求 $f(x)$，$f(\frac{1}{x})$，$f(0)$，$f(1)$.

分析：

［方法一］　按函数表达式的定义，对于任意自变量 x 可进行如下计算：

$$f[(\quad)+1]=(\quad)^2+4\times(\quad)-3$$

其中等式两端的小括号(　　)内的 x 可用任一数值或有意义的表达式代入.

［方法二］　将 $x+1$ 看作一个固定的变量，即作变量替换 $x+1=t$，这样 $x=t-1$，直接代入，即可得到 $f(x)$ 的表达式. 然后再进行相关计算.

解：

［方法一］ 已知函数的运算关系为

$$f[(\quad)+1]=(\quad)^2+4\times(\quad)-3$$

将 $x-1$ 代入上式两端的小括号(　　)内得

$$f(x)=(x-1)^2+4(x-1)-3$$
$$=x^2-2x+1+4x-4-3$$
$$=x^2+2x-6$$

即 $f(x)=x^2+2x-6$

则 $f(\frac{1}{x})=(\frac{1}{x})^2+2(\frac{1}{x})-6$

$$=\frac{1}{x^2}+\frac{2}{x}-6$$
$$=\frac{1+2x-6x^2}{x^2}$$

$f(0)=0^2+2\times0-6=-6$

$f(1)=1^2+2\times1-6=-3$

［方法二］ 令 $x+1=t$，得 $x=t-1$，将其代入原函数表达式两端得

$$f(t)=(t-1)^2+4(t-1)-3$$
$$=t^2-2t+1+4t-4-3$$
$$=t^2+2t-6$$

将 t 换成 x 得 $f(x)=x^2+2x-6$

同方法一，分别得出 $f(\frac{1}{x})=\frac{1+2x-6x^2}{x^2}$，$f(0)=-6$，$f(1)=-3$.

例 4 判断函数 $f(x)=\log_{\frac{1}{2}}(x^2+2)$ 的单调性.

分析：判断函数的单调性，主要是利用单调性的定义，再结合基本初等函数的性质，还可以利用函数的奇偶性.

解：易知函数 $f(x)=\log_{\frac{1}{2}}(x^2+2)$ 为偶函数，偶函数的图像关于 y 轴对称，故只需讨论 $x\geqslant0$ 的情况.

任意 $x_1>x_2\geqslant0$，有

$$x_1^2+2>x_2^2+2$$

因为对数之底 $\frac{1}{2}<1$，所以函数 $f(x)=\log_{\frac{1}{2}}(x^2+2)$ 在其定义域内为减函数. 故：$\log_{\frac{1}{2}}(x_1^2+2)<\log_{\frac{1}{2}}(x_2^2+2)$

即　　　$f(x_1)<f(x_2)$.

由单调性定义可知当 $x\geqslant 0$ 时，$f(x)=\log_{\frac{1}{2}}(x^2+2)$ 是单调减函数；再由偶函数的性质可知，当 $x\leqslant 0$ 时，$f(x)=\log_{\frac{1}{2}}(x^2+2)$ 是单调增函数.

所以函数 $f(x)=\log_{\frac{1}{2}}(x^2+2)$ 在 $(-\infty,0]$ 上单调增加，在 $[0,+\infty)$ 上单调减少.

例 5　求下列函数的定义域.

(1) $y=\dfrac{2}{3-x}$；(2) $y=\lg(1-x)+\dfrac{2}{\sqrt{2-x}}$；(3) $f(x)=\begin{cases}e^x & -4<x\leqslant 0\\ \dfrac{1}{x} & 0<x<4\end{cases}$.

解：(1) 要使函数有意义，须 $3-x\neq 0$，即 $x\neq 3$，所以，函数的定义域是 $(-\infty,3)\cup(3,+\infty)$.

(2) 要使函数有意义，须 $\begin{cases}1-x>0\\2-x>0\end{cases}$，解得 $\begin{cases}x<1\\x<2\end{cases}$.

所以，原函数的定义域为 $(-\infty,1)$.

(3) 原函数的两个分段区间为 $(-4,0]$，$(0,4)$，所以原函数的定义域是它们的并集 $(-4,0]\cup(0,4)=(-4,4)$.

例 6　研究函数 $y=x^2$ 的单调性.

解：令 $f(x)=x^2$，

对任意 x_1，x_2，若 $0<x_1<x_2$，则 $x_1^2<x_2^2$，因此 $f(x_1)<f(x_2)$，所以原函数在 $(0,+\infty)$ 内单调增加；

对任意 x_1，x_2，若 $x_1<x_2\leqslant 0$，则 $x_1^2>x_2^2$，因此 $f(x_1)>f(x_2)$，所以原函数在 $(-\infty,0]$ 内单调减少.

例 7　求函数 $y=1-\dfrac{1}{\sqrt{1-x^2}}(-1<x<0)$ 的反函数.

解：因为 $-1<x<0$，所以

$0<\sqrt{1-x^2}<1$，$\dfrac{1}{\sqrt{1-x^2}}>1$，$1-\dfrac{1}{\sqrt{1-x^2}}<0$，

所以，原函数的值域为 $(-\infty,0)$.

由原函数解析式 $y=1-\dfrac{1}{\sqrt{1-x^2}}$ 解得

$$x=\pm\sqrt{1-\frac{1}{(1-y)^2}}$$

因为$(-1<x<0)$，所以$x=-\sqrt{1-\frac{1}{(1-y)^2}}$.

把x与y互换，得原函数的反函数为

$y=-\sqrt{1-\frac{1}{(1-x)^2}}$，定义域：$(-\infty,0)$.

例8 判断下列函数的奇偶性.

(1) $y=x\sin x$； (2) $y=\ln(x+\sqrt{x^2+1})$； (3) $y=x^3+1$.

解：(1) 定义域：$(-\infty,+\infty)$，令$f(x)=x\sin x$，

$f(-x)=(-x)\sin(-x)=x\sin x=f(x)$，

所以原函数为偶函数.

(2) 定义域：$(-\infty,+\infty)$，令$f(x)=\ln(x+\sqrt{x^2+1})$，

$$\begin{aligned}f(-x)&=\ln(-x+\sqrt{(-x)^2+1})\\&=\ln(\sqrt{x^2+1}-x)\\&=\ln(\frac{x^2+1-x^2}{\sqrt{x^2+1}+x})\\&=\ln\frac{1}{x+\sqrt{x^2+1}}\\&=\ln(x+\sqrt{x^2+1})^{-1}\\&=-\ln(x+\sqrt{x^2+1})=-f(x)\end{aligned}$$

所以，原函数为奇函数.

(3) 定义域：$(-\infty,+\infty)$，令$f(x)=x^3+1$，

因为$f(-x)=(-x)^3+1=-x^3+1$，$f(-x)\neq f(x)$，

$f(-x)\neq -f(x)$，

所以，原函数既不是偶函数，也不是奇函数.

例9 现有初始本金80元，银行年储蓄利率为8%，按复利计算，5年后的本利和为多少？

分析：计算复利的公式是：

$$s_n=p(1+r)^n \tag{1-1}$$

其中s_n是n年后的本利和，p是本金，r是利率.

如果将s_n看作n年后的R元，那么按不变利率r计算它的现值，也就是公式中的p，即

$$p=\frac{R}{(1+r)^n} \tag{1-2}$$

解：已知 $p=80$，$r=0.08$，则由公式（1－1）得

$$\begin{aligned} s_5 &= p(1+r)^5 \\ &= 80\times(1+0.08)^5 \\ &\approx 117.55(元) \end{aligned}$$

即 5 年后的本利和为 117.55 元.

例 10　已知生产某种产品的成本函数为

$$C(q)=80+2q,$$

试求生产该产品的固定成本，并求当产量 q 为 50 时的平均成本.

解：固定成本就是当产量为零时的总成本，设为 c_0，有

$$c_0=C(0)=80,$$

因为平均成本为

$$\overline{C}=\frac{C(q)}{q},$$

所以

$$\begin{aligned} \overline{C}(50) &= \frac{C(50)}{50} \\ &= \frac{80+2\times 50}{50}=3.6. \end{aligned}$$

即生产该产品的固定成本为 80，产量 q 为 50 时的平均成本为 3.6.

四、习题解答

习题 1.1

一、选择题

1. 和数轴上的点一一对应的是（D）.

A. 整数　　B. 有理数　　C. 无理数　　D. 实数

2. $|a|=2$，$|b|=1$，则 $a+b$ 的值一定是（D）.

A. 3　　B. 1　　C. -3　　D. 以上答案都不对

3. 9 的平方根与 $\sqrt{4}$ 的积是（B）.

A. 6　　B. ± 6　　C. 18　　D. ± 18

二、用区间表示满足下列不等式的所有 x 的集合

1. $|x|<2$；　　2. $|x|\geqslant 3$；　　3. $0<|x-1|\leqslant 3$.

解：

1. 原不等式的解集为$(-2, 2)$.

2. 原不等式的解集为$(-\infty, -3]\cup[3, +\infty)$.

3. 原不等式可变为 $\begin{cases}-3\leqslant x-1\leqslant 3\\ x\neq 1\end{cases}$，解得不等式组的解集为 $[-2, 1)\cup(1, 4]$.

习题 1.2

1. 下列函数中，两个函数相同的是（C）.

A. $f(x)=\lg x^2$，$g(x)=2\lg x$

B. $f(x)=\lg\frac{x+1}{x-1}$，$g(x)=\lg(x+1)-\lg(x-1)$

C. $f(u)=\sqrt{\frac{1+u}{1-u}}$，$g(v)=\sqrt{\frac{1+v}{1-v}}$

D. $f(x)=x$，$f(x)=\sqrt{x^2}$

2. 已知 $f(x)=\frac{x-1}{x+1}$，求 $f(0)$，$f(1)$，$f(-\frac{1}{2})$，$f(a)(a\neq -1)$，$f(-x)$，$f(\frac{1}{x})$，$f(x+1)$.

解： $f(0)=\frac{0-1}{0+1}=-1$；$f(1)=\frac{1-1}{1+1}=0$；$f(-\frac{1}{2})=\frac{-\frac{1}{2}-1}{-\frac{1}{2}+1}=-3$；

$$f(a)=\frac{a-1}{a+1}；f(-x)=\frac{-x-1}{-x+1}=\frac{x+1}{x-1}；f(\frac{1}{x})=\frac{\frac{1}{x}-1}{\frac{1}{x}+1}=\frac{1-x}{1+x}；$$

$$f(x+1)=\frac{x+1-1}{x+1+1}=\frac{x}{x+2}.$$

3. 已知 $f(x)=\frac{2x}{1+x^2}$，求 $f(x^2+1)$.

解：$f(x^2+1)=\dfrac{2(x^2+1)}{1+(x^2+1)^2}=\dfrac{2x^2+2}{x^4+2x^2+2}.$

4. 已知$f(x)=\begin{cases}x+2, & x>0\\ 0, & x=0\\ x-2, & x<0\end{cases}$，作出函数$f(x)$的图形，并求$f(-1)$，$f(0)$，$f(-x)$.

解：作图（略）.

$$f(-1)=-1-2=-3;\ f(0)=0;\ f(-x)=\begin{cases}-x-2, & x>0\\ 0, & x=0\\ -x+2, & x<0\end{cases}.$$

5. 求函数的定义域.

（1）$f(x)=\dfrac{2x}{x-1}$；　　（2）$f(x)=\lg(2x-1)$；

（3）$f(x)=\sqrt{2x-1}+\dfrac{1}{\sqrt{4-x}}$；（4）$f(x)=\dfrac{3}{x-5}+\lg(10-x)-\sqrt{x-3}$.

解：（1）$D_f=\{x\mid x\neq1,\ x\in R\}$；（2）$D_f=(\frac{1}{2},\ +\infty)$；

（3）$D_f=[\frac{1}{2},\ 4)$；　　（4）$D_f=[3,\ 5)\cup(5,\ 10)$.

习题 1.3

1. 函数 $y=x^3$ 在区间$[-1,\ 1]$上不是（D）.

A. 奇函数　B. 单调函数　C. 有界函数　D. 周期函数

2. 判断下列函数的奇偶性.

（1）$y=\dfrac{1}{2x}$；（2）$y=x^5+3x^3-2x$；（3）$y=x\sin x$；（4）$y=\dfrac{e^x+e^{-x}}{2}$.

答：（1）奇函数；　（2）奇函数；　（3）偶函数；　（4）偶函数.

3. 判断下列函数在指定区间的单调增减性.

（1）$y=3x+2$　$(-\infty,\ +\infty)$；

（2）$y=\dfrac{1}{1+x^2}$　$[0,\ +\infty)$.

答：根据函数单调性的定义可知：（1）增函数；（2）减函数.

习题 1.4

1. 求下列函数的反函数.

(1) $y=3x-1$； (2) $y=x^5-8$； (3) $y=\frac{x+3}{x+4}$.

解：(1) $y=\frac{x+1}{3}$； (2) $y=\sqrt[5]{x+8}$； (3) $y=\frac{4x-3}{1-x}$.

2. 指出下列函数是由哪些函数复合而成的.

(1) $y=\sqrt{x^2+1}$； (2) $y=\cos^3(1+3^{-2x})$.

解：(1) $y=\sqrt{u}$，$u=x^2+1$；(2) $y=u^3$，$u=\cos v$，$v=1+3^w$，$w=-2x$.

习题 1.5

1. 下列函数中，(B)不是基本初等函数.

A. $y=\sqrt[3]{\frac{1}{x}}$ B. $y=\lg(1-x)$ C. $y=(\frac{1}{10})^x$ D. $y=10^{\sqrt{8}}$

2. 利用幂函数的性质，比较下列各组值的大小.

(1) $0.5^{\frac{3}{2}}$，$0.6^{\frac{3}{2}}$；(2) $4.5^{\frac{3}{4}}$，$4.7^{\frac{3}{4}}$；(3) $\sqrt{2}^{-\frac{4}{5}}$，$\sqrt{5}^{-\frac{4}{5}}$；(4) $1.8^{-\frac{1}{3}}$，$2.5^{-\frac{1}{3}}$.

解：根据幂函数和指数函数的性质可知，

(1) $0.5^{\frac{3}{2}}<0.6^{\frac{3}{2}}$；(2) $4.5^{\frac{3}{4}}<4.7^{\frac{3}{4}}$；(3) $\sqrt{2}^{-\frac{4}{5}}>\sqrt{5}^{-\frac{4}{5}}$；

(4) $1.8^{-\frac{1}{3}}>2.5^{-\frac{1}{3}}$

习题 1.6

1. 已知某商品的需求函数是

$$Q=200-5P$$

试求该商品的收入函数，并求出销售 20 件该商品时的总收入和平均收入.

解：收入函数 $R=Q(40-\frac{Q}{5})=40Q-\frac{Q^2}{5}$，

当 $Q=20$ 时，总收入：$R(20)=40\times20-\frac{20^2}{5}=720$，

$$\text{平均收入：}\overline{R}(20)=\frac{R(20)}{Q}=\frac{720}{20}=36.$$

2. 设某产品的成本函数为 $C(x)=1000+8x+\frac{8000}{x}$，求：

（1）产量为 100 时的总成本；

（2）产量为 100 时的平均成本.

解：（1）当 $x=100$，总成本 $C(100)=1000+8\times100+\frac{8000}{100}=1880$

（2）当 $x=100$，平均成本 $\overline{C}(100)=\frac{C(100)}{100}=\frac{1880}{100}=18.8$.

第二章　极限与连续

一、学习要点

1. 理解极限的概念，掌握求极限的四则运算法则.

2. 会用两个重要极限求极限.

3. 了解无穷小、无穷大以及等价无穷小的概念.

4. 理解函数在一点连续的概念，了解间断点的概念.

5. 了解初等函数的连续性和闭区间上连续函数的性质(介值定理和最大值、最小值定理).

二、重点、难点解析

1. 关于极限的概念

(1) 对于数列$\{x_n\}$，可将其看为定义域为正整数的集合的一个函数，当自变量n趋于无穷大时，若函数值趋于唯一的数值，则称存在极限.

(2) 对于函数$y=f(x)$，自变量x可能是正数，也可能是负数. 自变量x的变化有两种情形，一种是x趋于无穷大($+\infty$或$-\infty$)，函数值趋于唯一常数；另一种是x趋于一个点x_0(可从x_0的左边或x_0的右边靠近)，函数值趋于唯一的常数，则称函数存在极限(左极限或右极限).

(3) 函数极限的分类：

1) 当$x\to+\infty$，函数$y=f(x)$的极限记为$\lim\limits_{x\to+\infty}f(x)=A$.

当$x\to-\infty$，函数$y=f(x)$的极限记为$\lim\limits_{x\to-\infty}f(x)=A$.

结论：$\lim\limits_{x\to\infty}f(x)=A\Leftrightarrow\lim\limits_{x\to+\infty}f(x)=\lim\limits_{x\to-\infty}f(x)=A$.

2) 当x从x_0的左边趋于x_0时，函数$y=f(x)$的极限称为左极限，记为

$$\lim_{x\to x_0^-}f(x)=A.$$

当x从x_0的右边趋于x_0时，函数$y=f(x)$的极限称为右极限，记为

$$\lim_{x \to x_0^+} f(x) = A.$$

结论：$\lim\limits_{x \to x_0} f(x) = A \Leftrightarrow \lim\limits_{x \to x_0^-} f(x) = \lim\limits_{x \to x_0^+} f(x) = A.$

2. 无穷小与无穷大

(1) 注意事项：

无穷小量与无穷大量不是数，它表示一种变化趋势，无穷小表示该变量的变化趋势无限接近于0，无穷大表示该变量的变化趋势的绝对值无限扩大，很小很小的数不是无穷小量，很大很大的数也不是无穷大量.

如：$2^{-1000000}$不是无穷小量；100000^{8000}不是无穷大量.

(2) 无穷小与无穷大的关系：

在自变量的同一变化过程中，若$f(x)$为无穷大，则$\dfrac{1}{f(x)}$为无穷小；若$f(x)$为无穷小，且$f(x) \neq 0$，则$\dfrac{1}{f(x)}$为无穷大.

(3) 无穷小比较：

在同一个变化过程中，两个无穷小，在趋近0的速度上却不同，可以比较快慢.

定义：设α，β是同一过程中的两个无穷小量.

如果$\lim \dfrac{\beta}{\alpha} = 0$，则称$\beta$是比$\alpha$较高阶的无穷小量.

如果$\lim \dfrac{\beta}{\alpha} = \infty$，则称$\beta$是比$\alpha$较低阶的无穷小量.

如果$\lim \dfrac{\beta}{\alpha} = c \neq 0$（$c$为常数），则称$\beta$与$\alpha$是同阶无穷小量.

如果$\lim \dfrac{\beta}{\alpha} = 1$，则称$\beta$与$\alpha$是等价无穷小量，记作$\alpha \sim \beta$.

如：$\lim\limits_{x \to 0} \dfrac{x^3}{x} = \lim\limits_{x \to 0} x^2 = 0$，所以当$x \to 0$时，$x^3$是比$x$较高阶的无穷小量.

$\lim\limits_{x \to 0} \dfrac{x}{3x} = \dfrac{1}{3}$，所以当$x \to 0$时，$x$与$3x$是同阶无穷小量.

在求极限的运算中，通常用等价无穷小来代换可事半功倍.

如：当$x \to 0$时，$\sin x \sim x$，可知当$\varphi(x) \to 0$，$\sin\varphi(x) \sim \varphi(x)$

$$\lim_{x \to 0} \frac{\sin 5x}{x} = \lim_{x \to 0} \frac{5x}{x} = \lim_{x \to 0} 5 = 5.$$

常用的等价无穷小有：

当 $x\to 0$ 时，$\sin x\sim x$，　$\tan x\sim x$，　$1-\cos x\sim x$，

$$e^x-1\sim x,\quad \ln(1+x)\sim x,\quad \sqrt[n]{1+x}-1\sim x.$$

3. 极限的运算法则及应用

(1) 极限的四则运算法则.

如果 $\lim\limits_{x\to x_0}f(x)=a$，$\lim\limits_{x\to x_0}g(x)=b$，那么

①$\lim\limits_{x\to x_0}[f(x)\pm g(x)]=\lim\limits_{x\to x_0}f(x)\pm\lim\limits_{x\to x_0}g(x)=a\pm b$；

②$\lim\limits_{x\to x_0}[f(x)\cdot g(x)]=\lim\limits_{x\to x_0}f(x)\cdot\lim\limits_{x\to x_0}g(x)=a\cdot b$；

③$\lim\limits_{x\to x_0}\dfrac{f(x)}{g(x)}=\dfrac{\lim\limits_{x\to x_0}f(x)}{\lim\limits_{x\to x_0}g(x)}=\dfrac{a}{b}(b\neq 0)$.

这些法则对于 $x\to\infty$ 的情况仍然成立.

由 $\lim\limits_{x\to x_0}[f(x)\cdot g(x)]=\lim\limits_{x\to x_0}f(x)\cdot\lim\limits_{x\to x_0}g(x)$ 不难得到

$\lim\limits_{x\to x_0}[Cf(x)]=C\lim\limits_{x\to x_0}f(x)$（$C$ 为常数）.

④$\lim\limits_{x\to x_0}[f(x)]^n=[\lim\limits_{x\to x_0}f(x)]^n(n\in\mathbf{N}^*)$.

(2) 利用极限的运算法则和连续性求函数的极限：

1) 若 $f(x)$ 在 x_0 上连续，则 $\lim\limits_{x\to x_0}f(x)=f(x_0)$.

2) 对于 $\lim\limits_{x\to x_0}\dfrac{f(x)}{g(x)}$：

① 若 $\lim\limits_{x\to x_0}f(x)$ 存在，$\lim\limits_{x\to x_0}g(x)$ 存在且不为零，那么 $\lim\limits_{x\to x_0}\dfrac{f(x)}{g(x)}=\dfrac{\lim\limits_{x\to x_0}f(x)}{\lim\limits_{x\to x_0}g(x)}$.

②若 $\lim\limits_{x\to x_0}g(x)=0$：

若 $\lim\limits_{x\to x_0}f(x)$ 存在且不为零，则 $\lim\limits_{x\to x_0}f(x)=\infty$.

若 $\lim\limits_{x\to x_0}f(x)=0$，那么该极限为 $\dfrac{0}{0}$ 未定式，一般是对分子、分母因式分解，约去公因式，或对分子或分母有理化进行化简.

3) 对于 $\lim\limits_{x\to\infty}\dfrac{f(x)}{g(x)}$，若 $\lim\limits_{x\to x_0}f(x)=\infty$，$\lim\limits_{x\to x_0}g(x)=\infty$，对于该种未定式 $\dfrac{\infty}{\infty}$ 极限，一般是用 $\dfrac{f(x)}{g(x)}$ 中 x 的最高次幂来除分子和分母.

如：$\lim\limits_{x\to\infty}\dfrac{2x^3-x+4}{6x^3+2x^2-7}=\lim\limits_{x\to\infty}\dfrac{\frac{2x^3-x+4}{x^3}}{\frac{6x^3+2x^2-7}{x^3}}=\lim\limits_{x\to\infty}\dfrac{\frac{2x^3}{x^3}-\frac{x}{x^3}+\frac{4}{x^3}}{\frac{6x^3}{x^3}+\frac{2x^2}{x^3}-\frac{7}{x^3}}=\dfrac{1}{3}$.

$$\lim_{x\to\infty}\frac{4x-6}{x^2-x+1}=\lim_{x\to\infty}\frac{\frac{4x-6}{x^2}}{\frac{x^2-x+1}{x^2}}=\lim_{x\to\infty}\frac{\frac{4x}{x^2}-\frac{6}{x^2}}{\frac{x^2}{x^2}-\frac{x}{x^2}+\frac{1}{x^2}}=0.$$

$$\lim_{x\to\infty}\frac{x^3+x}{x^2-1}=\lim_{x\to\infty}\frac{\frac{x^3+x}{x^3}}{\frac{x^2-1}{x^3}}=\lim_{x\to\infty}\frac{\frac{x^3}{x^3}+\frac{x}{x^3}}{\frac{x^2}{x^3}-\frac{1}{x^3}}=\infty.$$

一般地，有如下规律：

$$\lim_{x\to\infty}\frac{f(x)}{g(x)}=\lim_{x\to\infty}\frac{a_nx^n+a_{n-1}x^{n-1}+\cdots+a_0}{b_nx^m+b_{m-1}x^{m-1}+\cdots+b_0}=\begin{cases}\dfrac{a_n}{b_m}, & n=m \quad (a\neq0,\ b_m\neq0)\\ 0, & n<m\\ \infty, & n>m\end{cases}$$

4）设 $\lim f(x)=\infty$，$\lim g(x)=\infty$，对于极限 $\lim[f(x)\pm g(x)]$ 的解法是先进行通分.

如：$\lim\limits_{x\to1}\left(\dfrac{1}{x-1}-\dfrac{2}{x^2-1}\right)=\lim\limits_{x\to1}\dfrac{x-1}{(x-1)(x+1)}=\lim\limits_{x\to1}\dfrac{1}{x+1}=\dfrac{1}{2}$.

4. 两个重要极限

（1）$\lim\limits_{x\to0}\dfrac{\sin x}{x}=1$.

1）注意区别：$\lim\limits_{x\to\infty}\dfrac{\sin x}{x}=0$.

2）推广：若 $x\to0$，$\varphi(x)\to0$，则 $\lim\limits_{\varphi(x)\to0}\dfrac{\sin[\varphi(x)]}{\varphi(x)}=1$.

如：$\lim\limits_{x\to0}\dfrac{\sin5x}{x}=\lim\limits_{x\to0}5\cdot\dfrac{\sin5x}{5x}=5\lim\limits_{5x\to0}\dfrac{\sin5x}{5x}=5\times1=5$.

（2）$\lim\limits_{x\to\infty}\left(1+\dfrac{1}{x}\right)^x=\mathrm{e}$　　或 $\lim\limits_{x\to0}(1+x)^{\frac{1}{x}}=\mathrm{e}$.

推广：$\lim\limits_{\varphi(x)\to\infty}\left[1+\dfrac{1}{\varphi(x)}\right]^{\varphi(x)}=\mathrm{e}$　　或　$\lim\limits_{\varphi(x)\to0}[1+\varphi(x)]^{\frac{1}{\varphi(x)}}=\mathrm{e}$.

如：$\lim\limits_{x\to\infty}\left(1+\dfrac{2}{x}\right)^{3x}=\left[\lim\limits_{x\to\infty}\left(1+\dfrac{2}{x}\right)^{\frac{x}{2}}\right]^{6}=e^{6}$.

$\lim\limits_{x\to 0}\left(\dfrac{2-x}{2}\right)^{\frac{2}{x}}=\left[\lim\limits_{x\to 0}\left(1+\dfrac{x}{-2}\right)^{\frac{2}{-x}}\right]^{-1}=e^{-1}$.

5. **函数的连续性**

(1) 函数 $y=f(x)$ 在 x_0 处连续的定义的两种描述：

定义 1　设函数 $y=f(x)$ 在 x_0 的某个领域内有定义，若 $\lim\limits_{\Delta x\to 0}\Delta y=0$，则称函数 $y=f(x)$ 在 x_0 处连续.

定义 2　设函数 $y=f(x)$ 在 x_0 的某个领域内有定义，若 $\lim\limits_{x\to x_0}f(x)=f(x_0)$，则称函数 $y=f(x)$ 在 x_0 处连续.

(2) 对连续函数 $y=f(x)$ 取极限，根据定义可直接计算函数值.

即 $\lim\limits_{x\to x_0}f(x)=f(x_0)$

(3) 基本初等函数在其定义域内都是连续的，若 $f(x)$ 在 x_0 处有定义，则 $\lim\limits_{x\to x_0}f(x)=f(x_0)$.

(4) 对于一般函数(初等函数和分段函数)，有如下结论：

$f(x)$ 在 x_0 处连续的充分必要条件是 $f(x)$ 在 x_0 处既左连续又右连续.

即 $f(x)$ 在 x_0 处连续 $\Leftrightarrow \lim\limits_{x\to x_0^-}f(x)=\lim\limits_{x\to x_0^+}f(x)=f(x_0)$

(5) 函数的间断点：

定义：如果函数 $f(x)$ 在点 x_0 处不连续，则称点 x_0 是 $f(x)$ 的间断点.

根据连续定义，$f(x)$ 在点 x_0 处间断，至少出现下列情况之一.

1) $f(x)$ 在点 x_0 处无定义；

2) $\lim\limits_{x\to x_0}f(x)$ 不存在；

3) $\lim\limits_{x\to x_0}f(x)$ 存在，但 $\lim\limits_{x\to x_0}f(x)\neq f(x_0)$.

(6) 闭区间上连续函数的性质：

定理(介值定理)　如果 $f(x)$ 在闭区间 $[a,b]$ 上连续，有最大值 M 和最小值 m，且 $m\leqslant u\leqslant M$，则至少存在一点 $\xi\in[a,b]$，使 $f(\xi)=u$.

几何意义：如图 2－1 所示.

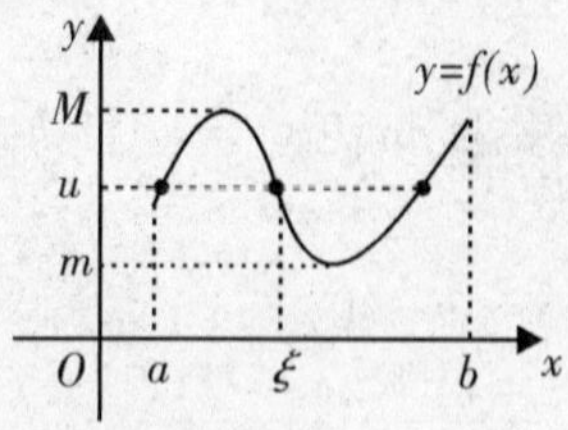

图 2－1

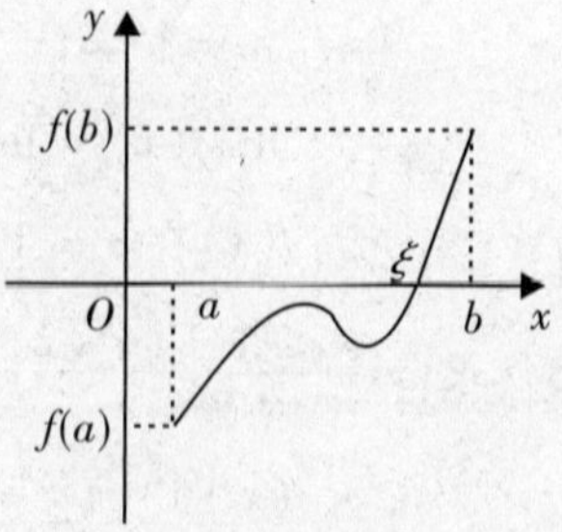

图 2－2

推论（零点定理）　如果 $f(x)$ 在闭区间 $[a, b]$ 上连续，且 $f(a)$，$f(b)$ 异号，则在 (a, b) 内至少存在一点 ξ，满足 $f(\xi)=0$，即方程 $f(x)=0$ 在 (a, b) 内至少有一根.

几何意义：如图 2－2 所示.

三、典型例题解析

例 1　求函数 $y=\dfrac{x^2-3x+2}{x-1}$ 当 $x\to1$ 时的极限.

分析：因为原函数在 $x=1$ 时无定义，不能利用 $\lim\limits_{x\to x_0}f(x)=f(x_0)$ 求解，只能先因式分解化简.

解：$\lim\limits_{x\to1}\dfrac{x^2-3x+2}{x-1}=\lim\limits_{x\to1}\dfrac{(x-1)(x-2)}{x-1}=\lim\limits_{x\to1}(x-2)=1-2=-1$

根据极限定义，可得出以下几个基本极限：

若 C 为常数，$\lim\limits_{x\to\infty}C=C$，$\lim\limits_{x\to x_0}C=C$，$\lim\limits_{x\to x_0}x=x_0$，$\lim\limits_{x\to\infty}x=\infty$

例 2　已知函数 $f(x)=\begin{cases}1+x, & x<0\\ x^2, & 0\leqslant x\leqslant1\\ x, & x>1\end{cases}$，讨论在点 $x=0$ 及 $x=1$ 处是否有极限?

分析：根据函数 $f(x)$ 在 x_0 处极限存在的充分必要条件可判断：

$\lim\limits_{x\to x_0}f(x)$ 存在 $\Leftrightarrow\lim\limits_{x\to x_0^-}f(x)=\lim\limits_{x\to x_0^+}f(x)$.

解：$\lim\limits_{x\to0^-}f(x)=1+0=1$，　　$\lim\limits_{x\to0^+}f(x)=0^2=0$

因为 $\lim\limits_{x\to0^-}f(x)\neq\lim\limits_{x\to0^+}f(x)$，所以 $f(x)$ 在 $x=0$ 处极限不存在.

$\lim\limits_{x\to1^-}f(x)=1^2=1$，$\lim\limits_{x\to1^+}f(x)=1$

因为 $\lim\limits_{x\to1^-}f(x)=\lim\limits_{x\to1^+}f(x)=1$，

所以 $f(x)$ 在 $x=1$ 处极限存在，且 $\lim\limits_{x\to1}f(x)=1$.

例 3 求 $\lim\limits_{x\to\infty}\dfrac{(x+1)^{30}(x-2)^{20}}{(2x-1)^{50}}$.

解：原式 $=\lim\limits_{x\to\infty}\dfrac{\dfrac{(x+1)^{30}(x-2)^{20}}{x^{50}}}{\dfrac{(2x-1)^{50}}{x^{50}}}=\lim\limits_{x\to\infty}\dfrac{\dfrac{(x+1)^{30}}{x^{30}}\cdot\dfrac{(x-2)^{20}}{x^{20}}}{\dfrac{(2x-1)^{50}}{x^{50}}}$

$$=\lim_{x\to\infty}\frac{\left(1+\dfrac{1}{x}\right)^{30}\cdot\left(1-\dfrac{2}{x}\right)^{20}}{\left(2-\dfrac{1}{x}\right)^{50}}=\frac{1^{30}\cdot1^{20}}{2^{50}}=\frac{1}{2^{50}}.$$

例 4 求 $\lim\limits_{x\to-8}\dfrac{\sqrt{1-x}-3}{2+\sqrt[3]{x}}$.

解：原式 $=\lim\limits_{x\to-8}\dfrac{(\sqrt{1-x}-3)(\sqrt{1-x}+3)[4-2\sqrt[3]{x}+(\sqrt[3]{x})^2]}{(2+\sqrt[3]{x})[4-2\sqrt[3]{x}+(\sqrt[3]{x})^2](\sqrt{1-x}+3)}$

$$=\lim_{x\to-8}\frac{(1-x-9)[4-2\sqrt[3]{x}+(\sqrt[3]{x})^2]}{(2^3+x)(\sqrt{1-x}+3)}$$

$$=\lim_{x\to-8}-\frac{4-2\sqrt[3]{x}+(\sqrt[3]{x})^2}{\sqrt{1-x}+3}$$

$$=-\frac{4-2\sqrt[3]{-8}+(\sqrt[3]{-8})^2}{\sqrt{1-(-8)}+3}$$

$$=-2.$$

例 5 求 $\lim\limits_{x\to0}\dfrac{\sin4x}{\sin6x}$.

分析：此题有两种解法：一种是将原式变形，利用公式 $\lim\limits_{x\to0}\dfrac{\sin x}{x}=1$ 求解；另一种是利用等价无穷小代换.

解：

[方法一]

$$\lim_{x\to0}\frac{\sin4x}{\sin6x}=\lim_{x\to0}\frac{\sin4x}{4x}\cdot\frac{4x}{6x}\cdot\frac{6x}{\sin6x}=\frac{4}{6}\cdot\lim_{x\to0}\frac{\sin4x}{4x}\cdot\lim_{x\to0}\frac{6x}{\sin6x}=\frac{2}{3}.$$

［方法二］

$$\lim_{x\to 0}\frac{\sin 4x}{\sin 6x}=\lim_{x\to 0}\frac{4x}{6x}=\lim_{x\to 0}\frac{4}{6}=\frac{2}{3}.$$

例 6　求$\lim\limits_{x\to 0}\frac{1-\cos x}{x^2}$.

解：$$\lim_{x\to 0}\frac{1-\cos x}{x^2}=\lim_{x\to 0}\frac{2\sin^2\frac{x}{2}}{x^2}=\lim_{x\to 0}\frac{2\sin^2\frac{x}{2}}{4\left(\frac{x}{2}\right)^2}=\frac{1}{2}\lim_{x\to 0}\left(\frac{\sin\frac{x}{2}}{\frac{x}{2}}\right)^2$$

$$=\frac{1}{2}\left(\lim_{x\to 0}\frac{\sin\frac{x}{2}}{\frac{x}{2}}\right)^2=\frac{1}{2}\cdot 1^2=\frac{1}{2}.$$

例 7　求$\lim\limits_{x\to\infty}\left(1+\frac{3}{x}\right)^{2x}$.

解：$$\lim_{x\to\infty}\left(1+\frac{3}{x}\right)^{2x}=\left[\lim_{x\to\infty}\left(1+\frac{3}{x}\right)^{\frac{x}{3}}\right]^6=e^6.$$

例 8　求$\lim\limits_{x\to\infty}\left(\frac{x-1}{x+1}\right)^{x}$.

解：$$\lim_{x\to\infty}\left(\frac{x-1}{x+1}\right)^{x}=\lim_{x\to\infty}\left(\frac{1-\frac{1}{x}}{1+\frac{1}{x}}\right)^{x}=\frac{\lim\limits_{x\to\infty}\left[\left(1+\frac{1}{-x}\right)^{-x}\right]^{-1}}{\lim\limits_{x\to\infty}\left(1+\frac{1}{x}\right)^{x}}=\frac{e^{-1}}{e}=e^{-2}.$$

例 9　讨论$f(x)=\begin{cases}-x+1, & x<0\\ 0, & x=0\\ -x-1, & x>0\end{cases}$　在 $x=0$ 处的连续性.

解：$f(x)=\begin{cases}-x+1, & x<0\\ 0, & x=0\\ -x-1, & x>0\end{cases}$　在 $x=0$ 处有定义，

但　$\lim\limits_{x\to 0^-}f(x)=\lim\limits_{x\to 0^-}(-x+1)=1\neq\lim\limits_{x\to 0^+}(-x-1)=-1$，

即　$\lim\limits_{x\to 0}f(x)$不存在，

所以，函数 $f(x)$ 在 $x=0$ 处不连续.

例 10　已知$f(x)=\begin{cases}x\sin\frac{1}{x}, & x<0\\ e^x+a, & x\geqslant 0\end{cases}$，当 a 取什么值时，$f(x)$ 在 $x=0$

处连续?

解：因为

$$\lim_{x\to 0^-}f(x)=\lim_{x\to 0^-}x\sin\frac{1}{x}=0$$

$$\lim_{x\to 0^+}f(x)=\lim_{x\to 0^+}(e^x+a)=1+a=f(0)$$

而 $f(x)$ 在 $x=0$ 处连续，根据连续的条件：

$$\lim_{x\to 0^-}f(x)=\lim_{x\to 0^+}f(x)=f(0)$$

即　$1+a=0$，

　　$a=-1$.

四、习题解答

习题 2.1

1. 观察下列数列，当 $n\to\infty$ 时是否有极限?

(1) $0,\ \frac{1}{2},\ \frac{2}{3},\ \cdots,\ \frac{n-1}{n},\ \cdots$

(2) $1,\ \frac{3}{2},\ \frac{1}{3},\ \frac{5}{4},\ \frac{1}{5},\ \frac{7}{6},\ \cdots$

(3) $1,\ \frac{1}{2},\ 1,\ \frac{3}{4},\ 1,\ \frac{5}{6},\ \cdots$

解：(1)有，$\lim\limits_{n\to\infty}\frac{n-1}{n}=1$；(2)无；(3)有，为1.

2. 当 $n\to\infty$ 时，数列 $y_n=(-1)^n\frac{n}{n+1}$ 的极限是（D）.

A. 1　　B. -1　　C. 0　　D. 不存在

解：因为数列的项正负数交替出现，当 $n\to\infty$ 时，数列不是趋于唯一的常数，故选 D.

3. 设函数 $f(x)=\begin{cases}x+k, & x<-1\\ x^2, & x\geqslant 1\end{cases}$（$k$ 为常数），问 k 为何值时，$f(x)$ 在 $x=-1$ 处极限存在?

解：$\lim\limits_{x\to -1^-}f(x)=\lim\limits_{x\to -1^-}(x+k)=k-1$，

$\lim\limits_{x\to -1^+}f(x)=\lim\limits_{x\to -1^+}x^2=(-1)^2=1$，

根据函数$f(x)$在某一点处极限存在的充分必要条件可知：要使$f(x)$在$x=-1$处极限存在，须$\lim\limits_{x\to -1^-}f(x)=\lim\limits_{x\to -1^+}f(x)$.

即　$k-1=1$

$k=2$.

习题 2.2

1. 观察下列变量，当$x\to 0$时，哪些是无穷小量？哪些是无穷大量？

$\sqrt{x}$，$\dfrac{x}{x^2}$，$\dfrac{x^2}{x}$，$\sin x$，$\cot x$，x^2-100，$\dfrac{x+1}{x}$，$\dfrac{x}{\sqrt{1+x}}$，2^{-x}.

答：无穷小量有：$\sqrt{x}$，$\dfrac{x^2}{x}$，$\sin x$，$\dfrac{x}{\sqrt{1+x}}$；

无穷大量有：$\dfrac{x}{x^2}$，$\cot x$，$\dfrac{x+1}{x}$.

2. 观察函数$y=\dfrac{1}{(x-1)^2}$在什么变化过程中是无穷小量？在什么变化过程中是无穷大量？

答：当$x\to\infty$时为无穷小量，当$x\to 1$时为无穷大量.

习题 2.3

1. 求下列各式的极限.

（1）$\lim\limits_{n\to\infty}\dfrac{3n^2-2n+5}{4n^2+n-3}$；　　（2）$\lim\limits_{n\to\infty}\left(\dfrac{n^3}{2n^2-1}-\dfrac{n^2}{2n-1}\right)$.

解：（1）$\lim\limits_{n\to\infty}\dfrac{3n^2-2n+5}{4n^2+n-3}=\lim\limits_{x\to\infty}\dfrac{\dfrac{3n^2-2n+5}{n^2}}{\dfrac{4n^2+n-3}{n^2}}=\lim\limits_{x\to\infty}\dfrac{3-\dfrac{2}{n}+\dfrac{5}{n^2}}{4+\dfrac{1}{n}-\dfrac{3}{n^2}}=\dfrac{3}{4}$.

（2）
$$\lim\limits_{n\to\infty}\left(\frac{n^3}{2n^2-1}-\frac{n^2}{2n-1}\right)=\lim\limits_{x\to\infty}\frac{n^3(2n-1)-(2n^2-1)n^2}{(2n^2-1)(2n-1)}$$
$$=\lim\limits_{x\to\infty}\frac{2n^4-n^3-2n^4+n^2}{4n^3-2n^2-2n+1}$$
$$=\lim\limits_{x\to\infty}\frac{-n^3+n^2}{4n^3-2n^2-2n+1}=-\frac{1}{4}.$$

2. 求下列各式的极限.

(1) $\lim\limits_{n\to\infty}(\sqrt{n^2+1}-n)$；　　(2) $\lim\limits_{n\to\infty}(\sqrt{n+1}-\sqrt{n})\sqrt{n}$.

解：(1) $\lim\limits_{n\to\infty}(\sqrt{n^2+1}-n)=\lim\limits_{n\to\infty}\dfrac{(\sqrt{n^2+1}-n)(\sqrt{n^2+1}+n)}{\sqrt{n^2+1}+n}$

$$=\lim_{n\to\infty}\frac{n^2+1-n^2}{\sqrt{n^2+1}+n}=0.$$

(2) $\lim\limits_{n\to\infty}(\sqrt{n+1}-\sqrt{n})\sqrt{n}$

$$=\lim_{n\to\infty}\frac{(\sqrt{n+1}-\sqrt{n})(\sqrt{n+1}+\sqrt{n})\sqrt{n}\cdot\sqrt{n}}{(\sqrt{n+1}+\sqrt{n})\cdot\sqrt{n}}$$

$$=\lim_{n\to\infty}\frac{(n+1-n)\cdot n}{\sqrt{n\cdot(n+1)}+n}$$

$$=\lim_{n\to\infty}\frac{n}{\sqrt{n^2+n}+n}$$

$$=\lim_{n\to\infty}\frac{1}{\sqrt{\dfrac{n^2+n}{n^2}}+\dfrac{n}{n}}=\frac{1}{2}.$$

3. 求下列各式的极限.

(1) $\lim\limits_{n\to\infty}\left[n(1-\frac{1}{3})(1-\frac{1}{4})(1-\frac{1}{5})\cdots(1-\frac{1}{n+2})\right]$；

解：原式 $=\lim\limits_{n\to\infty}\left(n\cdot\dfrac{2}{3}\cdot\dfrac{3}{4}\cdot\dfrac{4}{5}\cdot\cdots\cdot\dfrac{n+1}{n+2}\right)=\lim\limits_{n\to\infty}\dfrac{2n}{n+2}=\lim\limits_{n\to\infty}\dfrac{2}{1+\dfrac{2}{n}}=2.$

(2) $\lim\limits_{n\to\infty}\left(\frac{3}{n^2}+\frac{7}{n^2}+\frac{11}{n^2}+\cdots+\frac{4n-1}{n^2}\right)$；

解：原式 $=\lim\limits_{n\to\infty}\dfrac{3+7+11+\cdots+4n-1}{n^2}=\lim\limits_{n\to\infty}\dfrac{\dfrac{(3+4n-1)\cdot n}{2}}{n^2}$

$$=\lim_{n\to\infty}\frac{4n^2+2n}{2n^2}=2.$$

(3) $\lim\limits_{n\to\infty}\dfrac{1+\dfrac{1}{2}+\dfrac{1}{4}+\cdots+\dfrac{1}{2^{n-1}}}{1+\dfrac{1}{3}+\dfrac{1}{9}+\cdots+\dfrac{1}{3^{n-1}}}$

解：原式 $=\lim\limits_{n\to\infty}\dfrac{\dfrac{1-\dfrac{1}{2^n}}{1-\dfrac{1}{2}}}{\dfrac{1-\dfrac{1}{3^n}}{1-\dfrac{1}{3}}}=\dfrac{4}{3}.$

4. 已知 $\lim\limits_{n\to\infty}\left(\dfrac{n^2+1}{n+1}-an-b\right)=0$，求 a，b 的值.

解：原式左边可变形为

$$\lim_{n\to\infty}\frac{n^2+1-(an+b)(n+1)}{n+1}=0$$

$$\lim_{n\to\infty}\frac{(1-a)n^2-(a+b)n+1-b}{n}=0$$

由此可知：$\begin{cases}1-a=0\\a+b=0\end{cases}$，解得：$\begin{cases}a=1\\b=-1\end{cases}$.

5. 求下列各式的极限.

（1）$\lim\limits_{n\to\infty}\dfrac{\sin n\theta}{n}$；　　（2）$\lim\limits_{n\to\infty}n\left(\dfrac{1}{n^2+\pi}+\dfrac{1}{n^2+2\pi}+\cdots+\dfrac{1}{n^2+n\pi}\right)$.

解：（1）$\lim\limits_{n\to\infty}\dfrac{\sin n\theta}{n}=\lim\limits_{n\to\infty}\left(\dfrac{1}{n}\cdot\sin n\theta\right)=0.$

（2）当 $1\leqslant i\leqslant n$ 时

$$\frac{1}{n^2+n\pi}\leqslant\frac{1}{n^2+i\pi}\leqslant\frac{1}{n^2+\pi}$$

当 $i=1, 2, 3, \cdots, n$ 时，得到一系列的上述类型的不等式，把它们相加可得

$$\frac{n}{n^2+n\pi}\leqslant\left(\frac{1}{n^2+\pi}+\frac{1}{n^2+2\pi}+\cdots+\frac{1}{n^2+n\pi}\right)\leqslant\frac{n}{n^2+\pi}$$

把上式各项乘以 n 得

$$\frac{n^2}{n^2+n\pi}\leqslant n\left(\frac{1}{n^2+\pi}+\frac{1}{n^2+2\pi}+\cdots+\frac{1}{n^2+n\pi}\right)\leqslant\frac{n^2}{n^2+\pi}$$

而　$\lim\limits_{n\to\infty}\dfrac{n^2}{n^2+n\pi}=1$，$\lim\limits_{n\to\infty}\dfrac{n^2}{n^2+\pi}=1$

根据两边夹法则

$$\lim_{n\to\infty} n\left(\frac{1}{n^2+\pi}+\frac{1}{n^2+2\pi}+\cdots+\frac{1}{n^2+n\pi}\right)=1.$$

6. 求下列各式的极限.

（1）$\lim\limits_{x\to\infty}\dfrac{x^2+3x+2}{x^2-1}$；　　（2）$\lim\limits_{x\to\infty}\dfrac{3x^2-11x+6}{2x^2-5x-3}$.

解：（1）$\lim\limits_{x\to\infty}\dfrac{x^2+3x+2}{x^2-1}=\lim\limits_{x\to\infty}\dfrac{\frac{x^2+3x+2}{x^2}}{\frac{x^2-1}{x^2}}=\lim\limits_{x\to\infty}\dfrac{1+\frac{3}{x}+\frac{2}{x^2}}{1-\frac{1}{x^2}}=1.$

（2）$\lim\limits_{x\to\infty}\dfrac{3x^2-11x+6}{2x^2-5x-3}=\lim\limits_{x\to\infty}\dfrac{\frac{3x^2-11x+6}{x^2}}{\frac{2x^2-5x-3}{x^2}}=\lim\limits_{x\to\infty}\dfrac{3-\frac{11}{x}+\frac{6}{x^2}}{2-\frac{5}{x}-\frac{3}{x^2}}=\dfrac{3}{2}.$

7. 求下列各式的极限.

（1）$\lim\limits_{x\to-1}(2x^3+3x+4)$；　　（2）$\lim\limits_{x\to1}\dfrac{2x}{1+x+x^2}$.

解：（1）$\lim\limits_{x\to-1}(2x^3+3x+4)=2\times(-1)^3+3\times(-1)+4=-1.$

（2）$\lim\limits_{x\to1}\dfrac{2x}{1+x+x^2}=\dfrac{2\times1}{1+1+1^2}=\dfrac{2}{3}.$

8. 求下列各式的极限.

（1）$\lim\limits_{x\to1}\dfrac{3x^2-11x+6}{2x^2-5x-3}$；　　（2）$\lim\limits_{x\to1}\dfrac{x^2-2x+1}{x^3-1}$.

解：（1）$\lim\limits_{x\to1}\dfrac{3x^2-11x+6}{2x^2-5x-3}=\lim\limits_{x\to1}\dfrac{(x-3)(3x-2)}{(x-3)(2x+1)}=\lim\limits_{x\to1}\dfrac{3x-2}{2x+1}=\dfrac{3\times1-2}{2\times1+1}$

$=\dfrac{1}{3}.$

（2）$\lim\limits_{x\to1}\dfrac{x^2-2x+1}{x^3-1}=\lim\limits_{x\to1}\dfrac{(x-1)^2}{(x-1)(x^2+x+1)}=\lim\limits_{x\to1}\dfrac{x-1}{x^2+x+1}=0.$

9. 求下列各式的极限.

（1）$\lim\limits_{x\to3}\dfrac{\sqrt{x-1}-\sqrt{2}}{x-3}$；　　（2）$\lim\limits_{x\to+\infty}(\sqrt{x+1}-\sqrt{x})$.

解：（1）$\lim\limits_{x\to3}\dfrac{\sqrt{x-1}-\sqrt{2}}{x-3}=\lim\limits_{x\to3}\dfrac{(\sqrt{x-1}-\sqrt{2})(\sqrt{x-1}+\sqrt{2})}{(x-3)(\sqrt{x-1}+\sqrt{2})}$

$=\lim\limits_{x\to3}\dfrac{x-1-2}{(x-3)(\sqrt{x-1}+\sqrt{2})}$

$$=\lim_{x\to 3}\frac{x-3}{(x-3)(\sqrt{x-1}+\sqrt{2})}$$

$$=\lim_{x\to 3}\frac{1}{\sqrt{x-1}+\sqrt{2}}$$

$$=\frac{1}{\sqrt{3-1}+\sqrt{2}}$$

$$=\frac{1}{2\sqrt{2}}=\frac{\sqrt{2}}{4}.$$

（2）$\lim\limits_{x\to+\infty}(\sqrt{x+1}-\sqrt{x})=\lim\limits_{x\to+\infty}\frac{(\sqrt{x+1}-\sqrt{x})(\sqrt{x+1}+\sqrt{x})}{\sqrt{x+1}+\sqrt{x}}$

$$=\lim_{x\to+\infty}\frac{x+1-x}{\sqrt{x+1}+\sqrt{x}}=0.$$

习题 2.4

1. 求下列各题的极限.

（1）$\lim\limits_{x\to 0}\frac{\sin 3x}{5x}$；　　（2）$\lim\limits_{x\to 0}\frac{\sin 3x}{\sin 5x}$；

（3）$\lim\limits_{x\to 0}\frac{\sin x\tan x}{x^2}$；　　（4）$\lim\limits_{x\to 1}\frac{\sin(1-x)}{1-x^2}$.

解：（1）$\lim\limits_{x\to 0}\frac{\sin 3x}{5x}=\lim\limits_{3x\to 0}\frac{3}{5}\cdot\frac{\sin 3x}{3x}=\frac{3}{5}\cdot\lim\limits_{3x\to 0}\frac{\sin 3x}{3x}=\frac{3}{5}$.

或利用等价无穷小：当 $x\to 0$ 时，$\sin 3x\sim 3x$，$\lim\limits_{x\to 0}\frac{\sin 3x}{5x}=\lim\limits_{x\to 0}\frac{3x}{5x}$

$=\frac{3}{5}$.

（2）$\lim\limits_{x\to 0}\frac{\sin 3x}{\sin 5x}=\lim\limits_{x\to 0}\frac{\sin 3x}{3x}\cdot\frac{3x}{5x}\cdot\frac{5x}{\sin 5x}=\frac{3}{5}$.

或利用等价无穷小：当 $x\to 0$ 时，$\sin 3x\sim 3x$，$\sin 5x\sim 5x$，

$\lim\limits_{x\to 0}\frac{\sin 3x}{\sin 5x}=\lim\limits_{x\to 0}\frac{3x}{5x}=\frac{3}{5}$.

（3）利用等价无穷小：当 $x\to 0$ 时，$\sin x\sim x$，$\tan x\sim x$，

$\lim\limits_{x\to 0}\frac{\sin x\tan x}{x^2}=\lim\limits_{x\to 0}\frac{x\cdot x}{x^2}=1$.

（4）利用等价无穷小：当 $x\to 1$ 时，$\sin(1-x)\sim(1-x)$.

$$\lim_{x\to 1}\frac{\sin(1-x)}{1-x^2}=\lim_{x\to 1}\frac{\sin(1-x)}{1-x}\cdot\frac{1}{1+x}=\lim_{x\to 1}\frac{1-x}{1-x}\cdot\lim_{x\to 1}\frac{1}{1+x}=\frac{1}{2}.$$

2. 求下列各题的极限.

（1）$\lim\limits_{x\to\infty}(1+\frac{2}{x})^{x}$；　　（2）$\lim\limits_{x\to\infty}(1+\frac{1}{x})^{x+2}$；

（3）$\lim\limits_{x\to\infty}(1-\frac{1}{x})^{2x}$；　　（4）$\lim\limits_{x\to\infty}(1-\frac{1}{x^2})^{x}$.

解：（1）$\lim\limits_{x\to\infty}(1+\frac{2}{x})^{x}=\lim\limits_{x\to\infty}\left[\left(1+\frac{2}{x}\right)^{\frac{x}{2}}\right]^{2}=\left[\lim\limits_{x\to\infty}\left(1+\frac{2}{x}\right)^{\frac{x}{2}}\right]^{2}=e^{2}$.

（2）
$$\lim_{x\to\infty}(1+\frac{1}{x})^{x+2}=\lim_{x\to\infty}\left(1+\frac{1}{x}\right)^{x}\left(1+\frac{1}{x}\right)^{2}=\lim_{x\to\infty}\left(1+\frac{1}{x}\right)^{x}\cdot\lim_{x\to\infty}\left(1+\frac{1}{x}\right)^{2}=e.$$

（3）$\lim\limits_{x\to\infty}(1-\frac{1}{x})^{2x}=\lim\limits_{x\to\infty}\left[\left(1+\frac{1}{-x}\right)^{-x}\right]^{-2}=e^{-2}$.

（4）$\lim\limits_{x\to\infty}(1-\frac{1}{x^2})^{x}=\lim\limits_{x\to\infty}\left[\left(1+\frac{1}{-x^2}\right)^{-x^2}\right]^{-\frac{1}{x}}=1$.

3. 设本金为 10 万元，年利率为 2.5%，若一月结算一次，试分别按复利和连续复利公式计算满 8 年的本利和.

解：利用复利公式计算：8 年本利和 $=10\times(1+\frac{2.5\%}{12})^{12\times 8}=10\times(1+\frac{2.5\%}{12})^{96}\approx 12.211487$.

利用连续复利公式计算：

$$8\text{ 年本利和}=\lim_{m\to\infty}10(1+\frac{2.5\%}{m})^{8m}=\lim_{m\to\infty}10\left[\left(1+\frac{2.5\%}{m}\right)^{\frac{m}{2.5\%}}\right]^{8\times 2.5\%}$$
$$=10\times e^{0.2}\approx 12.214028.$$

4. 若年利率为 2.5%，按连续复利计算，现值为多少时，10 年后的本利和为 2.5 万元.

解：根据现值公式：$A_0=A_n e^{-nr}$

10 年后的现值为：$A_0=2.5e^{-10\times 2.5\%}=2.5e^{-0.25}\approx 1.9470$.

习题 2.5

1. 求下列函数的间断点.

(1) $y=\dfrac{1}{(x-3)^2}$;　　(2) $y=\dfrac{1-x^2}{x^2-3x+2}$.

解：(1) 因为在 $x=3$ 处，原函数无定义，所以原函数有间断点 $x=3$.

(2) 原函数可变为 $y=\dfrac{1-x^2}{(x-1)(x-2)}$,

当 $x=1$ 或 $x=2$ 时，原函数无定义，所以原函数的间断点为 $x=1$ 和 $x=2$.

2. 函数 $f(x)=\begin{cases} x^2, & x\leqslant 0 \\ x+1, & x>0 \end{cases}$ 在点 $x=0$ 处是否连续？

解：因为 $\lim\limits_{x\to 0^-}f(x)=\lim\limits_{x\to 0^-}x^2=0=f(0)$

$\lim\limits_{x\to 0^+}f(x)=\lim\limits_{x\to 0^+}(x+1)=1\neq f(0)$

所以，原函数在点 $x=0$ 处不连续.

3. 证明方程 $x^4+7x=3x^2+10$ 在(1，2)内至少有一实数根.

解：令 $f(x)=x^4+7x-3x^2-10$，显而易见 $f(x)$ 在[1，2]上连续，

$f(1)=1^4+7\times 1-3\times 1^2-10=-5$,

$f(2)=2^4+7\times 2-3\times 2^2-10=8$,

因为 $f(1)$ 和 $f(2)$ 异号，根据零点存在定理，方程 $x^4+7x-3x^2-10=0$ 在(1，2)内至少有一实数根.

第三章　导数与微分

一、学习要点

1. 理解导数和微分的概念，理解导数的几何意义.

2. 掌握基本初等函数的求导公式，掌握导数的四则运算法则和复合函数的求导法则.

3. 了解高阶导数的概念.

4. 会求由方程所确定的隐函数的导数.

二、重点、难点解析

1. 导数定义的几种形式

函数 $y=f(x)$ 在点 x_0 的某邻域内有定义，导数 $f'(x)$ 的定义为：

$$y'\big|_{x=x_0}=\lim_{\Delta x\to 0}\frac{\Delta y}{\Delta x}=\lim_{\Delta x\to 0}\frac{f(x_0+\Delta x)-f(x_0)}{\Delta x}$$

$$f'(x_0)=\lim_{x\to x_0}\frac{f(x)-f(x_0)}{x-x_0}$$

$$f'(x_0)=\lim_{h\to 0}\frac{f(x_0+h)-f(x_0)}{h}$$

记作：$f'(x_0)$、$y'\big|_{x=x_0}$、$\left.\frac{\mathrm{d}y}{\mathrm{d}x}\right|_{x=x_0}$ 或 $\left.\frac{\mathrm{d}f}{\mathrm{d}x}\right|_{x=x_0}$.

(1) 函数应在 x_0 及附近有定义（函数在 x_0 处连续），否则导数不存在.

(2) 在定义导数的极限式中，Δx 可正、可负，但不为 0，Δy 可能为 0.

2. 由导数的定义，求函数 $y=f(x)$ 在点 x_0 处的导数的步骤

(1) 求 $\Delta y=f(x_0+\Delta x)-f(x_0)$.

（2）作比值$\frac{\Delta y}{\Delta x}$.

（3）求极限$\lim\limits_{\Delta x\to 0}\frac{\Delta y}{\Delta x}$.

3. **单侧导数**

左导数：$f'_-(x_0)=\lim\limits_{x\to x_0^-}\frac{f(x)-f(x_0)}{x-x_0}$，右导数：$f'_+(x_0)=\lim\limits_{x\to x_0^+}\frac{f(x)-f(x_0)}{x-x_0}$.

若函数 $y=f(x)$在点 x_0 的某邻域内有定义，则导数$f'(x_0)$存在的充分必要条件是函数$f(x)$在点 x_0 的左、右导数分别存在且相等，即

$$f'(x_0)=A\Leftrightarrow f'_-(x_0)=f'_+(x_0)=A.$$

4. **可导和连续的关系**

若函数 $y=f(x)$在点 x_0 处可导，则$f(x)$在点 x_0 处一定连续．即连续是可导的必要条件. 但反之不一定成立，即连续未必能推出可导.

5. **基本求导公式及运算法则**

（1）基本初等函数的导数公式：

1）$(C)'=0$（C 为常数）；

2）$(x^n)'=nx^{n-1}$，n 为实数；

3）$(\sin x)'=\cos x$；

4）$(\cos x)'=-\sin x$；

5）$(\tan x)'=\sec^2 x$；

6）$(\cot x)'=-\csc^2 x$；

7）$(\sec x)'=\sec x\tan x$；

8）$(\csc x)'=-\csc x\cot x$；

9）$(\mathrm{e}^x)'=\mathrm{e}^x$；

10）$(a^x)'=a^x\ln a$；

11）$(\ln x)'=\frac{1}{x}$；

12）$(\log_a x)'=\frac{1}{x\ln a}$；

13）$(\arcsin x)'=\frac{1}{\sqrt{1-x^2}}$；

14）$(\arccos x)'=-\frac{1}{\sqrt{1-x^2}}$；

15）$(\arctan x)'=\frac{1}{1+x^2}$；

16）$(\text{arccot} x)'=-\frac{1}{1+x^2}$.

(2) 函数的和、差、积、商的求导法则：

设 $u=u(x)$，$v=v(x)$都可导，则

1）$(u\pm v)'=u'\pm v'$；

2）$(Cu)'=Cu'$（C 是常数）；

3）$(uv)'=u'v+uv'$；

4）$\left(\frac{u}{v}\right)'=\frac{u'v-uv'}{v^2}(v\neq 0)$.

(3) 复合函数的求导法则：

设 $y=f(u)$，而 $u=\varphi(x)$ 且 $f(u)$ 及 $\varphi(x)$ 都可导，则复合函数 $y=f[\varphi(x)]$的导数为

$$f'[\varphi(x)]=f'(u)\cdot\varphi'(x) \text{ 或 } y_x'=y_u'\cdot u_x'.$$

(4) 隐函数的导数.

由方程 $F(x, y)=0$ 所确定的 y 是 x 的函数，称为隐函数. 对隐函数求导，只要把方程 $F(x, y)=0$ 的两边同时对 x 求导，再解出 y_x'即可. 注意，y 是 x 的函数，在对 y 或 y 的函数求导时，利用复合函数求导法则就可以了.

(5) 取对数求导法.

对于形如 $y=u(x)^{v(x)}$ 的幂指函数，不能由基本公式和已有的几个法则来解决导数计算问题，而需要引入取对数求导法，即利用对数的性质化简对某些函数的求导运算.

6. 高阶导数

设函数 $y=f(x)$ 存在高阶导数，求高阶导数就是多次连续地求导数. 学会求二阶导数、三阶导数等.

7. 微分

(1) 了解微分的意义.

定义：设函数 $y=f(x)$ 在点 x 处可导，则 $y=f(x)$ 在点 x 处的导数

$f'(x)$与自变量的改变量Δx的积叫作函数$y=f(x)$在点x处关于改变量Δx的微分，简称函数y的微分，记作dy，即

$$dy=f'(x)\Delta x$$

由微分定义知，$y=x$的微分$dy=dx=x'\Delta x=\Delta x$，

即 $$dx=\Delta x$$

所以 $$dy=f'(x)dx.$$

定理　函数$y=f(x)$在点x处可微的充分必要条件是函数$y=f(x)$在点x处可导.

（2）微分的运算法则.

由于$dy=f'(x)dx$，利用求导公式及求导法则便可得到相应的微分公式和微分法则.

基本微分公式：

1）$d(x^n)=nx^{n-1}dx$；

2）$d(\sin x)=\cos x dx$；

3）$d(\cos x)=-\sin x dx$；

4）$d(\tan x)=\sec^2 x dx$；

5）$d(\cot x)=-\csc^2 x dx$；

6）$d(\sec x)=\sec x\tan x dx$；

7）$d(\csc x)=-\csc x\cot x dx$；

8）$d(a^x)=a^x\ln a dx$；

9）$d(e^x)=e^x dx$；

10）$d(\log_a x)=\frac{1}{x\ln a}dx$；

11）$d(\ln x)=\frac{1}{x}dx$；

12）$d(\arcsin x)=\frac{1}{\sqrt{1-x^2}}dx$；

13）$d(\arccos x)=-\frac{1}{\sqrt{1-x^2}}dx$；

14）$d(\arctan x)=\frac{1}{1+x^2}dx$；

15）$d(\operatorname{arccot} x)=-\frac{1}{1+x^2}dx$.

微分法则：

由函数和、差、积、商的求导法则，可推得相应的微分法则（下面的 u，v 均为 x 的可微函数）.

1）$d(u \pm v) = du \pm dv$；

2）$d(Cu) = Cdu$；

3）$d(uv) = vdu + udv$；

4）$d(\frac{u}{v}) = \frac{vdu - udv}{v^2}(v \neq 0)$.

8. 导数在经济中的意义

若函数 $y = f(x)$ 在 x 处可导，则称导数 $f'(x)$ 为 $f(x)$ 的边际函数，$f'(x_0)$ 为 $f(x)$ 在 x_0 处的边际函数值. 在经济学问题中，边际函数和边际函数值的概念与函数的导数和导数值一致.

（1）边际需求：

$$MQ = Q'(P) \qquad (Q\text{ 表示需求量，}P\text{ 表示价格})$$

当 $P = P_0$ 时，$Q'(P_0)$ 表示价格为 P_0 时，需求量在 P_0 前后一个单位时所增加（减少）的量.

（2）边际成本：

$$MC = C'(Q) \qquad (C\text{ 表示成本，}Q\text{ 表示产量})$$

当 $Q = Q_0$ 时，$C'(Q_0)$ 表示产量为 Q_0 时，产量 Q_0 前后一个单位产品所增加（减少）的成本.

（3）边际收益：

$$MR(Q) = R'(Q) \qquad (R\text{ 表示收益，}Q\text{ 表示产量})$$

当 $Q = Q_0$ 时，$R'(Q_0)$ 表示产量为 Q_0 时，产量 Q_0 前后一个单位产品所增加（减少）的收益.

（4）边际利润：

$$ML = L'(Q) \qquad (L\text{ 表示利润，}Q\text{ 表示产量})$$

当 $Q = Q_0$ 时，$L'(Q_0)$ 表示产量为 Q_0 前后一个单位产品所增加（减少）的利润.

9. 经济函数的弹性分析

定义：设函数 $y = f(x)$ 在点 x 处可导，函数的相对改变量 $\frac{\Delta y}{y_0}$ 与自变量

的相对改变量$\frac{\Delta x}{x_0}$之比的极限$\lim\limits_{\Delta x\to 0}\frac{\frac{\Delta y}{y_0}}{\frac{\Delta x}{x_0}}=\lim\limits_{\Delta x\to 0}\frac{\Delta y}{\Delta x}\cdot\frac{x_0}{y_0}=f'(x_0)\frac{x_0}{f(x_0)}$称为函数$y=f(x)$在点$x=x_0$处的弹性，记作$\left.\frac{Ey}{Ex}\right|_{x=x_0}$或$\frac{E}{Ex}f(x_0)$.

一般地，若$f(x)$可导，则有

$$\frac{Ey}{Ex}=\lim_{\Delta x\to 0}\frac{\frac{\Delta y}{y}}{\frac{\Delta x}{x}}=\lim_{\Delta x\to 0}\frac{\Delta y}{\Delta x}\cdot\frac{x}{y}=f'(x)\frac{x}{f(x)}=y'\frac{x}{y}$$

称为$f(x)$的弹性函数.

函数$f(x)$在点x的弹性$\frac{E}{Ex}f(x)$反映了随x变化，函数$f(x)$变化幅度的大小，也就是$f(x)$在点x变化的强烈程度或灵敏度. 在经济中其意义解析为，当x改变1%时，$f(x)$改变$\frac{E}{Ex}f(x)$%，其值为正时表示增加，为负时表示减少.

如：需求函数$Q=Q(P)$，需求弹性为

$$E_{\mathrm{d}}=-\frac{P}{Q}Q'(P)$$

三、典型例题解析

例1　求下列函数的导数.

（1）$y=\sin x\ln x+2^{10}$；　　（2）$y=\frac{1-x^3}{\sqrt[3]{x^2}}$.

解：（1）$y'=(\sin x\ln x)'+(2^{10})'=(\sin x)'\ln x+\sin x(\ln x)'+0$

$$=\cos x\ln x+\frac{\sin x}{x};$$

（2）$y=x^{-\frac{2}{3}}-x^{\frac{7}{3}}$，$y'=(x^{-\frac{2}{3}}-x^{\frac{7}{3}})'=-\frac{2}{3}x^{-\frac{5}{3}}-\frac{7}{3}x^{\frac{4}{3}}$.

例2　求下列函数的导数和微分.

（1）$y=\frac{\sin x}{1+\cos x}$；　　（2）$y=\ln(1+\mathrm{e}^{\sqrt{1+x^2}})$.

解：(1) $y' = \dfrac{(\sin x)'(1+\cos x) - \sin x(1+\cos x)'}{(1+\cos x)^2} = \dfrac{1}{1+\cos x}$,

$$dy = \frac{1}{1+\cos x} \cdot dx;$$

(2) $y' = \dfrac{1}{1+e^{\sqrt{1+x^2}}}\left[1' + e^{\sqrt{1+x^2}} \cdot \dfrac{1}{2\sqrt{1+x^2}} \cdot 2x\right] = \dfrac{xe^{\sqrt{1+x^2}}}{(1+e^{\sqrt{1+x^2}})\sqrt{1+x^2}}$,

$$dy = \frac{xe^{\sqrt{1+x^2}}}{(1+e^{\sqrt{1+x^2}})\sqrt{1+x^2}}dx.$$

例3 求由方程 $y=1+xe^y$ 确定的隐函数的导数.

解：方程两边对 x 求导：

$y' = (1+xe^y)'$

$y' = 1' + x'e^y + xe^y y'$

$y' - xe^y y' = e^y$

$y' = \dfrac{e^y}{1-xe^y}$.

例4 设 $y=x^{\cos x}$，求 y'.

解：对原函数两边取自然对数得

$\ln y = \ln x^{\cos x}$

即 $\ln y = \cos x \ln x$

两边对 x 求导数

$\dfrac{1}{y} \cdot y' = (\cos x)'\ln x + \cos x \cdot \dfrac{1}{x}$

$y' = y\left(-\sin x \ln x + \dfrac{\cos x}{x}\right)$

即 $y' = x^{\cos x}\left(\dfrac{\cos x}{x} - \sin x \ln x\right)$.

例5 设 $y = \sqrt[3]{\dfrac{(x-1)(x+2)}{(3x+1)(2x-4)}}$，求 y'.

解：对原函数两边取自然对数

$$\ln y = \frac{1}{3}[\ln(x-1) + \ln(x+2) - \ln(3x+1) - \ln(2x-4)]$$

上式两边同时对 x 求导数得

$\dfrac{1}{y} \cdot y' = \dfrac{1}{3}\left[\dfrac{1}{x-1} + \dfrac{1}{x+2} - \dfrac{3}{3x+1} - \dfrac{2}{2x-4}\right]$

$$y'=\frac{1}{3}y\left[\frac{1}{x-1}+\frac{1}{x+2}-\frac{3}{3x+1}-\frac{2}{2x-4}\right]$$

$$y'=\frac{1}{3}\sqrt[3]{\frac{(x-1)(x+2)}{(3x+1)(2x-4)}}\left[\frac{1}{x-1}+\frac{1}{x+2}-\frac{3}{3x+1}-\frac{2}{2x-4}\right].$$

四、习题解答

习题 3.1

1. 已知函数 $y=5x-2$，当自变量的值由 3 变为 2 时，相应的函数增量 $\Delta y=\underline{(5\times2-2)-(5\times3-2)=-5}.$

2. 已知质点按规律 $s=2t^2+5t+1$（距离 s 的单位是米，时间 t 的单位是秒）作直线运动，则质点在 $t=6$ 秒时的瞬时速度为<u>29 米/秒</u>.

（提示：$\because s'=4t+5$，$\therefore s'(6)=4\times6+5=29$）.

3. 已知物体的运动规律为 $s=t^3$（米），求这物体在 $t=2$ 秒时的瞬时速度.

解：$s'=3t^2$，$s'(2)=3\times2^2=12$（米/秒）.

4. 根据导数的定义求函数 $f(x)=10x^2$ 在点 $x=-1$ 处的导数.

解：$\Delta y=10\times(-1+\Delta x)^2-10\times(-1)^2=10(\Delta x)^2-20\cdot\Delta x$

$$\frac{\Delta y}{\Delta x}=\frac{10(\Delta x)^2-20\cdot\Delta x}{\Delta x}=10\cdot\Delta x-20$$

所以　$f'(-1)=\lim\limits_{\Delta x\to0}(10\cdot\Delta x-20)=-20.$

5. 求函数 $y=x^2$ 在点 $x=2$ 处的导数.

解：$\Delta y=(2+\Delta x)^2-2^2=4\Delta x+(\Delta x)^2$

$$\frac{\Delta y}{\Delta x}=\frac{4\Delta x+(\Delta x)^2}{\Delta x}=4+\Delta x$$

$$f'(4)=\lim_{\Delta x\to0}(4+\Delta x)=4.$$

6. 求曲线 $y=x^2$ 在点(2，4)处的切线方程.

解：根据导数定义可求得

$y'|_{x=2}=2\times2=4$，根据点斜式：切线方程为 $y-4=4(x-2)$

即　$4x-y-4=0.$

7. 求抛物线 $y=\frac{1}{4}x^2$ 在点(2，1)处的切线方程和法线方程.

解：根据导数定义可求得

$y'|_{x=2}=\frac{1}{2}\times 2=1$，根据点斜式：

切线方程为：$y-1=1\cdot(x-2)$

即 $x-y-1=0$

法线方程为：$y-1=-1\cdot(x-2)$

即 $x+y-3=0$.

8. 求曲线 $y=x^3$ 在点(1，1)处的切线方程及法线方程.

解：根据导数定义可求得：

$y'|_{x=1}=3\times 1^2=3$

切线方程：$y-1=3\times(x-1)$　即 $3x-y-2=0$

法线方程：$y-1=-\frac{1}{3}\times(x-1)$　即 $x+3y-4=0$.

9. 设函数 $f(x)=\begin{cases}x^2, & x\leqslant 1\\ ax+b, & x>1\end{cases}$，为了使函数 $f(x)$ 在 $x=1$ 处连续且可导，a，b 应取什么值？

解：要使 $f(x)$ 在 $x=1$ 处连续，须 $\lim\limits_{x\to 1^-}f(x)=\lim\limits_{x\to 1^+}f(x)=f(1)$，

而 $\lim\limits_{x\to 1^-}f(x)=\lim\limits_{x\to 1^-}x^2=1$，$\lim\limits_{x\to 1^+}f(x)=\lim\limits_{x\to 1^+}(ax+b)=a+b$，$f(1)=1$.

从而 $a+b=1$.

又 $f'_-(1)=\lim\limits_{\Delta x\to 0^-}\frac{\Delta y}{\Delta x}=\lim\limits_{\Delta x\to 0^-}\frac{(x+\Delta x)^2-x^2}{\Delta x}=\lim\limits_{\Delta x\to 0^-}(2x+\Delta x)=2x|_{x=1}=2$.

$f'_+(1)=\lim\limits_{\Delta x\to 0^+}\frac{\Delta y}{\Delta x}=\lim\limits_{\Delta x\to 0^+}\frac{a(x+\Delta x)+b-(ax+b)}{\Delta x}=\lim\limits_{\Delta x\to 0^+}a=a$.

要使 $f(x)$ 在 $x=1$ 处可导，须 $f'_+(1)=f'_-(1)$，即 $a=2$.

又 $a+b=1$，得 $b=-1$.

10. 函数$(x)=\begin{cases}x^2+2, & 0\leqslant x<1\\ 3x-1, & x\geqslant 1\end{cases}$，在点 $x=1$ 处是否可导？

解：$\lim\limits_{x\to 1^-}f(x)=\lim\limits_{x\to 1^-}(x^2+2)=1^2+2=3$

$\lim\limits_{x\to 1^+}f(x)=\lim\limits_{x\to 1^+}(3x-1)=3\times 1-1=2$

因为 $\lim\limits_{x\to 1^-}f(x)\neq\lim\limits_{x\to 1^+}f(x)$，所以 $f(x)$ 在 $x=1$ 处不连续，

又因为连续是可导的必要条件，

所以原函数在 $x=1$ 处不可导.

11. 已知$f(x)=\begin{cases}x^2, & x\geqslant 0\\ -x, & x<0\end{cases}$，求$f'_+(0)$及$f'_-(0)$，$f'(0)$是否存在？

解：$f'_+(0)=\lim\limits_{x\to 0^+}\dfrac{f(x)-f(0)}{x-0}=\lim\limits_{x\to 0^+}\dfrac{x^2}{x}=0$

$f'_-(0)=\lim\limits_{x\to 0^-}\dfrac{f(x)-f(0)}{x-0}=\lim\limits_{x\to 0^-}\dfrac{-x}{x}=-1$

因为$f'_-(0)\neq f'_+(0)$，

故$f'(0)$不存在.

习题 3.2

1. 求下列函数的导数.

(1) $y=3x^4-23x^3+40x-10$；

(2) $y=ax^3-bx+c$(a，b，c 为常数)；

(3) $y=x^2+\cos x$.

解：(1)$y'=(3x^4)'-23(x^3)'+40x'-10'=12x^3-69x^2+40$；

(2)$y'=(ax^3)'-(bx)'+c'=3ax^2-b$；

(3)$y'=(x^2)'+(\cos x)'=2x-\sin x$.

2. 求下列函数的导数.

(1) $y=(3x^2+1)(2-x)$；

(2) $y=(1+\sin x)(1-2x)$；

(3) $y=(x^2-1)(x^2-3)(x^2-5)$.

解：(1) $y'=(3x^2+1)'(2-x)+(3x^2+1)(2-x)'$

$=6x(2-x)-(3x^2+1)=-9x^2+12x-1$；

(2) $y'=(1+\sin x)'(1-2x)+(1+\sin x)(1-2x)'$

$=\cos x(1-2x)-2(1+\sin x)$

$=\cos x-2x\cos x-2\sin x-2$；

(3) $y'=(x^2-1)'(x^2-3)(x^2-5)+(x^2-1)(x^2-3)'(x^2-5)+(x^2-1)(x^2-3)(x^2-5)'$

$=2x(x^2-3)(x^2-5)+2x(x^2-1)(x^2-5)+2x(x^2-1)(x^2-3)$

$=6x^5-36x^3+46x$.

3. 求下列函数的导数.

(1) $y=\dfrac{x-1}{x+1}$；　　(2) $y=\dfrac{\cos x}{1-x^2}$；　　(3) $y=\dfrac{\sin x}{x}$.

解：(1) $y'=\dfrac{(x-1)'(x+1)-(x-1)(x+1)'}{(x+1)^2}=\dfrac{2}{(x+1)^2}$；

(2) $y'=\dfrac{(\cos x)'(1-x^2)-\cos x(1-x^2)'}{(1-x^2)^2}=\dfrac{(x^2-1)\sin x+2x\cos x}{(1-x^2)^2}$；

(3) $y'=\dfrac{(\sin x)'x-x'\sin x}{x^2}=\dfrac{x\cos x-\sin x}{x^2}$.

4. 求下列函数的导数.

(1) $y=1+\dfrac{2}{x}+\dfrac{3}{x^2}-\dfrac{4}{x^3}$；

(2) $y=\dfrac{4}{x^5}+\dfrac{7}{x^4}-\dfrac{2}{x}+12$；

(3) $y=\dfrac{-3x^4+3x^2-5}{x^3}$.

解：(1) $y'=1'+(\dfrac{2}{x})'+(\dfrac{3}{x^2})'-(\dfrac{4}{x^3})'=-\dfrac{2}{x^2}-\dfrac{6}{x^3}+\dfrac{12}{x^4}$；

(2) $y'=(\dfrac{4}{x^5})'+(\dfrac{7}{x^4})'-(\dfrac{2}{x})'+12'=-\dfrac{20}{x^6}-\dfrac{28}{x^5}+\dfrac{2}{x^2}$；

(3) $y=\dfrac{-3x^4+3x^2-5}{x^3}=-3x+\dfrac{3}{x}-\dfrac{5}{x^3}$,

$y'=(-3x)'+(\dfrac{3}{x})'-(\dfrac{5}{x^3})'=-3-\dfrac{3}{x^2}+\dfrac{15}{x^4}$.

5. 求下列函数的导数.

(1) $y=\ln\dfrac{1+3x^2}{2-x^2}$；

(2) $y=\lg(1+\cos x)$；

(3) $y=\ln(\ln x)$.

解：(1) $y'=\dfrac{1}{\dfrac{1+3x^2}{2-x^2}}\cdot\dfrac{(1+3x^2)'(2-x^2)-(1+3x^2)(2-x^2)'}{(2-x^2)^2}$

$=\dfrac{14x}{(1+3x^2)(2-x^2)}$；

(2) $y'=\dfrac{\lg e}{1+\cos x}\cdot(1+\cos x)'=\dfrac{-\lg e\cdot\sin x}{1+\cos x}$；

(3) $y'=\dfrac{1}{\ln x}\cdot\dfrac{1}{x}=\dfrac{1}{x\ln x}$.

6. 求下列函数的导数.

(1) $y=x^n\cdot e^{-x}$;

(2) $y=e^{2x}\cdot\ln x$;

(3) $y=e^{x^2+1}$;

(4) $y=a^{2x+1}$.

解: (1) $y'=(x^n)'\cdot e^{-x}+x^n\cdot(e^{-x})'=x^{n-1}e^{-x}(n-x)$;

(2) $y'=(e^{2x})'\ln x+e^{2x}(\ln x)'=e^{2x}(2\ln x+\dfrac{1}{x})$;

(3) $y'=e^{x^2+1}\cdot(x^2+1)'=2xe^{x^2+1}$;

(4) $y'=a^{2x+1}(2x+1)'\ln a=2a^{2x+1}\ln a$.

7. 求下列函数的导数.

(1) $y=(2x+5)^4$;

(2) $y=\cos(4-3x)$.

解: (1) $y'=4(2x+5)^3\cdot 2=8(2x+5)^3$;

(2) $y'=-\sin(4-3x)\cdot(4-3x)'=3\sin(4-3x)$.

8. 求下列函数的导数.

(1) $y=\arcsin(1-2x)$; (2) $y=\arctan(x^2)$; (3) $y=(\arcsin x)^2$;

(4) $y=x\cdot\arcsin x$; (5) $y=\arccos(1-x)$; (6) $y=(\arctan x)^2$.

解: (1) $y'=\dfrac{1}{\sqrt{1-(1-2x)^2}}\cdot(1-2x)'=-\dfrac{1}{\sqrt{x-x^2}}$;

(2) $y'=\dfrac{1}{1+(x^2)^2}\cdot(x^2)'=\dfrac{2x}{1+x^4}$;

(3) $y'=2\arcsin x\cdot\dfrac{1}{\sqrt{1-x^2}}=\dfrac{2\arcsin x}{\sqrt{1-x^2}}$;

(4) $y'=x'\arcsin x+x\cdot\dfrac{1}{\sqrt{1-x^2}}=\arcsin x+\dfrac{x}{\sqrt{1-x^2}}$;

(5) $y'=-\dfrac{1}{\sqrt{1-(1-x)^2}}\cdot(1-x)'=\dfrac{1}{\sqrt{2x-x^2}}$;

(6) $y'=2\arctan x\cdot\dfrac{1}{1+x^2}=\dfrac{2\arctan x}{1+x^2}$.

9. 求由下列方程所确定的隐函数 y 的导数 y'_x.

(1) $y^2-2xy+9=0$;　　(2) $xy=e^{x+y}$;　　(3) $y=1-xe^y$.

解: (1) 原方程两边对 x 求导:

$2y \cdot y' - 2x'y - 2xy' + 9' = 0$

可求得：$y' = \dfrac{y}{y-x}$.

（2）原方程两边对 x 求导：

$x'y + xy' = e^{x+y}(x' + y')$

可求得：$y' = \dfrac{e^{x+y} - y}{x - e^{x+y}}$.

（3）原方程两边对 x 求导：

$y' = 1' - x'e^y - xe^y y'$

可求得：$y' = -\dfrac{e^y}{1 + xe^y}$.

10. 求下列函数的导数.

（1）$y = \left(\dfrac{x}{x+1}\right)^x$；（2）$y = x^{\sin x}$；

（3）$y = \sqrt{\dfrac{(x-1)(x-2)}{x-3}}$；（4）$y = x \cdot \sqrt{\dfrac{1-x}{1+x}}$.

解：（1）原函数两边取对数：

$\ln y = \ln\left(\dfrac{x}{x+1}\right)^x$

即 $\ln y = x\ln\left(\dfrac{x}{x+1}\right)$

$\ln y = x[\ln x - \ln(x+1)]$

两边对 x 求导得$\dfrac{1}{y} \cdot y' = x'[\ln x - \ln(x+1)] + x\left(\dfrac{1}{x} - \dfrac{1}{x+1}\right)$

$$y' = \left(\frac{x}{x+1}\right)^x\left(\ln\frac{x}{x+1} + \frac{1}{x+1}\right).$$

（2）原函数两边取对数：

$\ln y = \ln x^{\sin x}$ 即 $\ln y = \sin x \cdot \ln x$

两边对 x 求导得$\dfrac{1}{y} \cdot y' = (\sin x)'\ln x + \sin x \cdot \dfrac{1}{x}$

$y' = x^{\sin x}\left(\dfrac{\sin x}{x} + \cos x\ln x\right)$.

（3）原函数两边取对数：

$\ln y = \ln\sqrt{\dfrac{(x-1)(x-2)}{x-3}}$

即 $\ln y = \frac{1}{2}[\ln(x-1) + \ln(x-2) - \ln(x-3)]$

两边对 x 求导得 $\frac{1}{y} \cdot y' = \frac{1}{2}\left(\frac{1}{x-1} + \frac{1}{x-2} - \frac{1}{x-3}\right)$

$y' = \frac{1}{2}\sqrt{\frac{(x-1)(x-2)}{x-3}}\left(\frac{1}{x-1} + \frac{1}{x-2} - \frac{1}{x-3}\right).$

（4）原函数两边取对数：

$\ln y = \ln\left(x \cdot \sqrt{\frac{1-x}{1+x}}\right)$　即 $\ln y = \ln x + \frac{1}{2}[\ln(1-x) - \ln(1+x)]$

两边对 x 求导得

$\frac{1}{y} \cdot y' = \frac{1}{x} + \frac{1}{2}\left[\frac{1}{1-x} \cdot (1-x)' - \frac{1}{1+x} \cdot (1+x)'\right]$

$y' = x\sqrt{\frac{1-x}{1+x}}\left[\frac{1}{x} - \frac{1}{2(1-x)} - \frac{1}{2(1+x)}\right].$

习题 3.3

1. 已知 $y = \sin x$，则 $y^{(10)} =$（C）.

A. $\sin x$　　B. $\cos x$　　C. $-\sin x$　　D. $-\cos x$

2. 求下列函数的二阶导数.

（1）$y = x\ln x$；（2）$y = \tan x$；（3）$y = 2x^2 + \ln x$；

（4）$y = e^{2x-1}$；（5）$y = x\cos x$；（6）$y = \ln(1-x^2)$.

解：（1）$y'' = \frac{1}{x}$；（2）$y'' = 2\sec^2 x\tan x$；（3）$y'' = 4 - \frac{1}{x^2}$；

（4）$y'' = 4e^{2x-1}$；（5）$y'' = -2\sin x - x\cos x$；（6）$y'' = -\frac{2(1+x^2)}{(1-x^2)^2}$.

3. 设 $f(x) = (x+10)^3$，求 $f''(2)$.

解：$f'(x) = 3(x+10)^2$

$f''(x) = 6(x+10)$

$f''(2) = 6 \times (2+10) = 72.$

习题 3.4

1. 求下列函数的微分.

(1) $y = ax^3 + bx^2 + cx + d$;

(2) $y = (2x^2 - 3)(3x + 4)$;

(3) $y = \sin(2x + 1)$.

解: (1) $y' = 3ax^2 + 2bx + c$

$dy = (3ax^2 + 2bx + c)dx$;

(2) $y' = 18x^2 + 16x - 9$

$dy = (18x^2 + 16x - 9)dx$;

(3) $y' = 2\cos(2x + 1)$

$dy = 2\cos(2x + 1)dx$.

2. 球壳的外直径是 50cm，厚度是 0.1cm，求球壳体积的近似值.

解: $2r = 50$，$r_{外} = 25$，$\Delta r = 0.1$，

$V = \frac{4}{3}\pi r^3$，$dV = 4\pi \cdot r^2 dr$

当 $r = 25$，$dr = 0.1$ 时，$dV = 4\pi \cdot 25^2 \cdot 0.1 = 250\pi$.

故球壳体积的近似值是 $250\pi cm^3$.

3. 计算下列各式的近似值.

(1) $\sqrt{9.01}$;　　(2) $\ln 1.01$.

解: (1) $\sqrt{9.01} = \sqrt{9(1 + \frac{0.01}{9})} = 3\sqrt{1 + \frac{0.01}{9}} \approx 3(1 + \frac{0.01}{18})$

≈ 3.0017;

(2) $\ln 1.01 = \ln(1 + 0.01) \approx 0.01$.

第四章　导数的应用

一、学习要点

1. 理解罗尔中值定理和拉格朗日中值定理，了解柯西中值定理.

2. 掌握洛必达法则求未定式的极限的方法.

3. 理解函数的极值和最值概念，掌握用导数判断函数的单调性和求极值、最值的方法.

4. 会用导数判断函数图像的凹凸性，会求拐点，会描绘函数的图像.

二、重点、难点解析

1. 中值定理

(1) 应用罗尔定理时的注意事项：

1) 罗尔定理可用来判别某方程是否有根.

2) 罗尔定理只验证了 ξ 的存在性，具体 ξ 等于多少，需由方程 $f'(x)=0$ 解出.

(2) 拉格朗日定理的变形形式.

在拉格朗日定理中，若令 $a=x$，$b=x+\Delta x$，则定理可写成

$\Delta y=f(x+\Delta x)-f(x)=f'(\xi)\Delta x=f'(x+\theta x)\Delta x \quad (0<\theta<1)$.

(3) 中值定理之间的关系：在柯西定理中，若令 $g(x)=1$，便可得到拉格朗日定理；在拉格朗日定理中，若令 $f(a)=f(b)$，便可得到罗尔定理. 因此可以说，罗尔定理是拉格朗日定理的特例，拉格朗日定理是柯西定理的特例.

2. 应用洛必达法则求函数极限的注意事项

(1) 对于 $x\to a$ 或($x\to\infty$)时，$\dfrac{f(x)}{g(x)}$为标准型($\dfrac{0}{0}$或$\dfrac{\infty}{\infty}$)，且函数 $f(x)$、

$g(x)$满足定理所需条件时，则

$$\lim_{x\to a}\frac{f(x)}{g(x)}=\lim_{x\to a}\frac{f'(x)}{g'(x)}=\lim_{x\to a}\frac{f''(x)}{g''(x)}.$$

（2）对于非标准型：$0\cdot\infty$，$\infty-\infty$，1^{∞}，0^{0}，∞^{0}，可以通过变形化为$\frac{0}{0}$或$\frac{\infty}{\infty}$，然后再利用洛必达法则求函数极限.

（3）利用洛必达法则求函数极限是对原式的分子和分母分别求导，而不是求$\left[\frac{f(x)}{g(x)}\right]'$.

（4）利用洛必达法则求函数极限不是万能的方法，对于一些函数未必可行.

如：求$\lim\limits_{x\to\infty}\frac{x+\sin x}{x}$.

解：$\lim\limits_{x\to\infty}\frac{x+\sin x}{x}\left(\frac{\infty}{\infty}\right)$

$$=\lim_{x\to\infty}\frac{1+\cos x}{1}=\lim_{x\to\infty}(1+\cos x)\quad（不存在极限）$$

但是 $\lim\limits_{x\to\infty}\frac{x+\sin x}{x}=\lim\limits_{x\to\infty}\left(1+\frac{\sin x}{x}\right)=1.$

3. 利用导数研究函数的单调性

判别函数$f(x)$的单调性的步骤如下：

（1）求出函数$f(x)$的定义域；

（2）求出函数的一阶导数$f'(x)$，令$f'(x)=0$，求出$f(x)$的驻点或导数不存在的点；

（3）利用以上所求得的点，将定义域划分为若干个部分区间，在每个部分区间判别出$f'(x)$的正负，根据定理判别出$f(x)$的单调性.

4. 函数的极值与最大值、最小值

（1）对于极值应注意以下几点：

1）极值是一局部概念，极大值仅是指局部最大值，极小值仅是指局部最小值；

2）函数的极值可能不是唯一的，即一个函数在某区间上或定义域内的极大值或极小值可能多于一个；

3）对于初等函数，极值可能出现在导数为0或导数不存在的点；

4）极大值与极小值之间无确定的大小关系，即一个函数的极大值未必大于极小值；

5）函数的极值点一定出现在区间的内部，区间的端点不能成为极值点，而使函数取得最大值、最小值的点可能在区间的内部，也可能在区间的端点.

（2）驻点或导数不存在点与极值点之间的关系：

1）导数为 0 的点不一定是极值点．例如 $y=x^3$ 在 $x=0$ 处导数为 0，但 $x=0$ 不是极值点.

2）$y=|x-1|$ 在 $x=1$ 处导数不存在，但 $x=1$ 却是极小值点，所以使 $f'(x)$ 不存在的点也有可能是 $f(x)$ 的极值点.

由此可知极值点存在的范围，即使 $f'(x)=0$ 的点（驻点）和使 $f'(x)$ 不存在的点都有可能是 $f(x)$ 的极值点.

归纳以上的讨论内容可知，欲求极值点，只要在函数 $f(x)$ 的驻点和使 $f'(x)$ 不存在的点中寻找即可.

对于这两种点，还要利用定理判别才能确定其是否为极值点，是极大值点还是极小值点.

5. 最大值和最小值及其在经济上的应用

由连续函数的性质可知：若函数在闭区间 $[a, b]$ 上连续，则 $f(x)$ 上存在最大值和最小值．怎么求出其最大值和最小值呢？

只需将函数在驻点、使 $f'(x)$ 不存在的点和闭区间两端点的函数值求出，并对它们进行比较，其中最大者与最小者便是函数 $f(x)$ 在该闭区间上的最大值与最小值.

对于实际问题的最值问题，如果函数在定义区间内只有一个驻点 x_0，那么 $f(x_0)$ 就是所求的最大值或最小值.

6. 函数图像的作法

综合描点法和前面用导数讨论到的一些函数性质以及渐近线，从而对函数曲线的变化轮廓有了较全面的了解，那么就可以较准确地作出函数的图像．其一般步骤如下：

（1）确定函数的定义域，以确定图像的范围；

（2）讨论函数的奇偶性和周期性，以缩小讨论范围；

（3）求出函数的驻点、导数不存在的点、单调区间、极值点、曲线的凹凸性和拐点等；

(4) 找间断点和确定曲线的渐近线;

(5) 算出一些适当点的坐标;

(6) 描点绘图.

三、典型例题解析

例1 设$f(x)=x^2-2x-3$，验证$f(x)$在$[0, 2]$上满足罗尔定理的条件，并求出罗尔定理结论中的ξ.

解: $f(x)$在区间$[0, 2]$上连续，在$(0, 2)$内可导，

且$f(0)=f(2)=-3$，

所以$f(x)$满足定理的三个条件.

$$f'(x)=2x-2,$$

令 $$f'(\xi)=2\xi-2=0,$$

所以存在$\xi=1\in(0, 2)$，使$f'(1)=0$.

例2 函数$f(x)=x^3-6x^2+11x-6$，验证在区间$[0, 3]$上$f(x)$满足拉格朗日定理的条件，并求出定理结论中的ξ.

解: $f(x)$在$[0, 3]$上连续，在$(0, 3)$内可导，显然$f(x)$满足定理的条件.

$$f'(x)=3x^2-12x+11$$

令 $$\frac{f(3)-f(0)}{3-0}=f'(\xi)$$

$$\frac{0-(-6)}{3}=3\xi^2-12\xi+11$$

即 $$\xi^2-4\xi+3=0$$

$$(\xi-1)(\xi-3)=0$$

所以 $\xi_1=1$，$\xi_2=3$(ξ_2在区间的端点处，舍去)，

于是存在$\xi=1\in(0, 3)$，使得$\dfrac{f(3)-f(0)}{3-0}=f'(1)$.

例3 求$\lim\limits_{x\to0}\dfrac{1-\cos x}{x^2}$.

解: $$\lim_{x\to0}\frac{1-\cos x}{x^2}\left(\frac{0}{0}\right)$$

$$=\lim_{x\to0}\frac{\sin x}{2x}=\frac{1}{2}\lim_{x\to0}\frac{\sin x}{x}=\frac{1}{2}.$$

例 4　求$\lim\limits_{x\to 0}\dfrac{e^{x}-e^{-x}-2x}{x-\sin x}$.

解：$\lim\limits_{x\to 0}\dfrac{e^{x}-e^{-x}-2x}{x-\sin x}\left(\dfrac{0}{0}\right)$

$=\lim\limits_{x\to 0}\dfrac{e^{x}+e^{-x}-2}{1-\cos x}$

$=\lim\limits_{x\to 0}\dfrac{e^{x}-e^{-x}}{\sin x}=\lim\limits_{x\to 0}\dfrac{e^{x}+e^{-x}}{\cos x}=2.$

例 5　求$\lim\limits_{x\to 0^{+}}x\ln x$.

解：$\lim\limits_{x\to 0^{+}}x\ln x(0\cdot\infty)$

$=\lim\limits_{x\to 0^{+}}\dfrac{\ln x}{\dfrac{1}{x}}\left(\dfrac{\infty}{\infty}\right)$

$=\lim\limits_{x\to 0^{+}}\dfrac{\dfrac{1}{x}}{-\dfrac{1}{x^{2}}}=\lim\limits_{x\to 0^{+}}(-x)=0.$

例 6　求$\lim\limits_{x\to +\infty}xe^{-x}$.

解：$\lim\limits_{x\to +\infty}xe^{-x}(\infty\cdot 0)$

$=\lim\limits_{x\to +\infty}\dfrac{x}{e^{x}}\left(\dfrac{\infty}{\infty}\right)$

$=\lim\limits_{x\to +\infty}\dfrac{1}{e^{x}}=0.$

例 7　求$\lim\limits_{x\to 0}\left(\dfrac{1}{x}-\dfrac{1}{e^{x}-1}\right)$.

解：$\lim\limits_{x\to 0}\left(\dfrac{1}{x}-\dfrac{1}{e^{x}-1}\right)(\infty-\infty)$

$=\lim\limits_{x\to 0}\dfrac{e^{x}-1-x}{x(e^{x}-1)}\left(\dfrac{0}{0}\right)$

$=\lim\limits_{x\to 0}\dfrac{e^{x}-1}{e^{x}-1+xe^{x}}\left(\dfrac{0}{0}\right)$

$=\lim\limits_{x\to 0}\dfrac{e^{x}}{e^{x}+e^{x}+xe^{x}}$

$=\lim\limits_{x\to 0}\dfrac{1}{1+1+x}=\dfrac{1}{2}.$

例 8 求函数 $y=\frac{x^2}{1-x^2}$ 的单调增减区间.

解：原函数的定义域为 $(-\infty, -1)\cup(-1, 1)\cup(1, +\infty)$，

$$y'=\frac{2x(1-x^2)+2x^3}{(1-x^2)^2}$$

$$=\frac{2x}{(1-x^2)^2}$$

令 $y'=0$，得 $x=0$，又 $x=\pm1$ 为原函数的间断点.

$x=0$ 将原函数的定义域分成两部分，$(-\infty, -1)\cup(-1, 0)$ 和 $(0, 1)\cup(1, +\infty)$

当 $x\in(-\infty, -1)$ 及 $x\in(-1, 0)$ 时，$y'<0$，所以函数在 $x\in(-\infty, -1)$ 及 $x\in(-1, 0)$ 内单调减少；

当 $x\in(0, 1)$ 及 $(1, +\infty)$ 时，$y'>0$，所以函数在 $x\in(0, 1)$ 及 $x\in(1, +\infty)$ 内单调增加.

例 9 求函数 $y=\frac{3}{5}x^{\frac{5}{3}}-\frac{3}{2}x^{\frac{2}{3}}$ 的单调增减区间及极值.

解：函数的定义域为 $(-\infty, +\infty)$，

$$y'=x^{\frac{2}{3}}-x^{-\frac{1}{3}}=\frac{x-1}{\sqrt[3]{x}}$$

令 $y'=0$，得驻点 $x=1$

$x=0$ 是导数不存在的点

两个特殊点把定义域分成了几个区间，原函数在各个区间的单调性及极值情况列表如下：

表 4－1

x	$(-\infty, 0)$	0	$(0, 1)$	1	$(1, +\infty)$
y'	+	∞	−	0	+
y	↗	极大值 0	↘	极小值 $-\frac{9}{10}$	↗

由表 4－1 可看出函数在各个区间的增减性及函数的极值.

单调增区间为：$(-\infty, 0)$ 及 $(1, +\infty)$，单调减区间为：$(0, 1)$；

函数在 $x=0$ 处取极大值 0，在 $x=1$ 处取极小值 $-\frac{9}{10}$.

四、习题解答

习题 4.1

1. 验证下列函数在给定区间上满足罗尔定理的条件，并求出定理结论中的 ξ 的值.

(1) $f(x)=x^2-4x$，$[1, 3]$；　　(2) $f(x)=\frac{1}{1+x^2}$，$[-2, 2]$.

解：(1) 显然：$f(x)$ 在 $[1, 3]$ 上连续，在 $(1, 3)$ 内可导，且 $f(1)=f(3)=-3$

所以，$f(x)$ 满足定理的三个条件，

$f'(x)=2x-4$，　令 $f'(\xi)=2\xi-4=0$　得 $\xi=2$

于是存在 $\xi=2\in(1, 3)$，使 $f'(2)=0$.

(2) 显然：$f(x)$ 在 $[-2, 2]$ 上连续，在 $(-2, 2)$ 内可导，且 $f(-2)=f(2)=\frac{1}{5}$

所以，$f(x)$ 满足定理的三个条件，

$f'(x)=-\frac{2x}{(1+x^2)^2}$，　令 $f'(\xi)=-\frac{2\xi}{(1+\xi^2)^2}=0$　得 $\xi=0$

于是存在 $\xi=0\in(-2, 2)$，使 $f'(0)=0$.

2. 验证下列函数在给定区间上满足拉格朗日定理的条件，并求出定理结论中的 ξ 的值.

(1) $f(x)=x^3-6x^2+11x-6$，$[0, 3]$；　　(2) $f(x)=\ln x$，$[1, e]$.

解：(1) $f(x)$ 在 $[0, 3]$ 上连续，在 $(0, 3)$ 内可导，显然 $f(x)$ 满足拉格朗日定理的条件.

$$f'(x)=3x^2-12x+11$$

令
$$\frac{f(3)-f(0)}{3-0}=f'(\xi)$$

即
$$\frac{0-(-6)}{3-0}=3\xi^2-12\xi+11$$

$\xi^2-4\xi+3=0$

$(\xi-1)(\xi-3)=0$

$\xi_1=1$，$\xi_2=3$（ξ_2 在区间的端点处，舍去）

所以存在 $\xi_1=1\in(0,3)$，使得 $\dfrac{f(3)-f(0)}{3-0}=f'(1)$.

（2）$f(x)$在$[1,\mathrm{e}]$上连续，在$(1,\mathrm{e})$内可导，显然$f(x)$满足拉格朗日定理的条件.

$f'(x)=\dfrac{1}{x}$

令 $\dfrac{f(\mathrm{e})-f(1)}{\mathrm{e}-1}=f'(\xi)$　即 $\dfrac{\ln\mathrm{e}-\ln1}{\mathrm{e}-1}=\dfrac{1}{\xi}$

所以　$\xi=\mathrm{e}-1$

所以存在 $\xi=\mathrm{e}-1\in(1,\mathrm{e})$，使得 $\dfrac{f(\mathrm{e})-f(1)}{\mathrm{e}-1}=f'(\mathrm{e}-1)$

3. 下列函数中，在区间$[-1,1]$满足罗尔定理条件的是(C).

A. $y=\dfrac{1}{x}$　　B. $y=|x|$　　C. $y=1-x^2$　　D. $y=x-1$

习题 4.2

1. 求下列极限.

（1）$\lim\limits_{x\to0}\dfrac{a^x-b^x}{x}(a,b>0;\ a,b\neq1)$；　　（2）$\lim\limits_{x\to0}\dfrac{\mathrm{e}^x-1}{x^2-x}$；

（3）$\lim\limits_{x\to4}\dfrac{x^2-6x+8}{x^2-5x+4}$；　　（4）$\lim\limits_{x\to0}\dfrac{(1+x)^n-1}{x}$（$n$ 为任意实数）；

（5）$\lim\limits_{x\to0}\dfrac{\mathrm{e}^x+\mathrm{e}^{-x}-2}{1-\cos x}$.

解：（1）$\lim\limits_{x\to0}\dfrac{a^x-b^x}{x}=\lim\limits_{x\to0}\dfrac{a^x\ln a-b^x\ln b}{1}=\ln a-\ln b$.

（2）$\lim\limits_{x\to0}\dfrac{\mathrm{e}^x-1}{x^2-x}=\lim\limits_{x\to0}\dfrac{\mathrm{e}^x}{2x-1}=\dfrac{\mathrm{e}^0}{2\cdot0-1}=-1$.

（3）$\lim\limits_{x\to4}\dfrac{x^2-6x+8}{x^2-5x+4}=\lim\limits_{x\to4}\dfrac{2x-6}{2x-5}=\dfrac{2\times4-6}{2\times4-5}=\dfrac{2}{3}$.

（4）$\lim\limits_{x\to0}\dfrac{(1+x)^n-1}{x}=\lim\limits_{x\to0}\dfrac{n(1+x)^{n-1}}{1}=n$.

(5) $\lim\limits_{x\to0}\dfrac{e^x+e^{-x}-2}{1-\cos x}=\lim\limits_{x\to0}\dfrac{e^x-e^{-x}}{\sin x}=\lim\limits_{x\to0}\dfrac{e^x+e^{-x}}{\cos x}=\dfrac{1+1}{1}=2.$

2. 求下列极限.

(1) $\lim\limits_{x\to+\infty}\dfrac{x^2}{e^x}$;　(2) $\lim\limits_{x\to\infty}\dfrac{x^3+x^2+x-2}{2x^3+x-1}$;　(3) $\lim\limits_{x\to+\infty}xe^{-x}$;

(4) $\lim\limits_{x\to0^+}x\ln^2x$;　(5) $\lim\limits_{x\to0}(\dfrac{1}{x}-\dfrac{1}{e^x-1})$.

解：(1) $\lim\limits_{x\to+\infty}\dfrac{x^2}{e^x}=\lim\limits_{x\to+\infty}\dfrac{2x}{e^x}=\lim\limits_{x\to+\infty}\dfrac{2}{e^x}=0.$

(2) $\lim\limits_{x\to\infty}\dfrac{x^3+x^2+x-2}{2x^3+x-1}=\lim\limits_{x\to\infty}\dfrac{3x^2+2x+1}{6x^2+1}=\lim\limits_{x\to\infty}\dfrac{6x+2}{12x}=\lim\limits_{x\to\infty}\dfrac{6}{12}=\dfrac{1}{2}.$

(3) $\lim\limits_{x\to+\infty}xe^{-x}=\lim\limits_{x\to+\infty}\dfrac{x}{e^x}=\lim\limits_{x\to+\infty}\dfrac{1}{e^x}=0.$

(4) $\lim\limits_{x\to0^+}x\ln^2x=\lim\limits_{x\to0^+}\dfrac{\ln^2x}{\dfrac{1}{x}}=\lim\limits_{x\to0^+}\dfrac{2\ln x\cdot\dfrac{1}{x}}{-\dfrac{1}{x^2}}=-2\lim\limits_{x\to0^+}\dfrac{\ln x}{\dfrac{1}{x}}$

$=-2\lim\limits_{x\to0^+}\dfrac{\dfrac{1}{x}}{-\dfrac{1}{x^2}}=2\lim\limits_{x\to0^+}x=0.$

(5) $\lim\limits_{x\to0}(\dfrac{1}{x}-\dfrac{1}{e^x-1})=\lim\limits_{x\to0}\dfrac{e^x-1-x}{x(e^x-1)}=\lim\limits_{x\to0}\dfrac{e^x-1}{e^x-1+xe^x}$

$=\lim\limits_{x\to0}\dfrac{e^x}{e^x+e^x+xe^x}=\lim\limits_{x\to0}\dfrac{1}{1+1+x}=\dfrac{1}{2}.$

习题 4.3

求下列函数的单调区间.

(1) $y=x^3-3x+7$;　(2) $y=\dfrac{x^2}{1+x^2}$;

(3) $y=x-e^x$;　(4) $y=x-\ln(1+x)$.

解：(1)原函数的定义域为$(-\infty, +\infty)$，

$y'=3x^2-3=3(x+1)(x-1)$，　令$y'=0$，得$x=\pm1$，

x	$(-\infty, -1)$	-1	$(-1, 1)$	1	$(1, +\infty)$
$f'(x)$	+	0	−	0	+
$f(x)$	↗		↘		↗

原函数的单调增区间为$(-\infty, -1)\cup(1, +\infty)$,
单调减区间为$(-1, 1)$.

(2) $y'=\dfrac{2x}{(1+x^2)^2}$　　令 $y'=0$，得 $x=0$,

x	$(-\infty, 0)$	0	$(0, +\infty)$
$f'(x)$	−	0	+
$f(x)$	↘		↗

所以，原函数的单调增区间为$(0, +\infty)$,
原函数的单调减区间为$(-\infty, 0)$.

(3) 原函数的定义域为$(-\infty, +\infty)$,
$y'=1-e^x$　　令 $y'=0$，得 $x=0$,

x	$(-\infty, 0)$	0	$(0, +\infty)$
$f'(x)$	+	0	−
$f(x)$	↗		↘

所以，原函数的单调减区间为$(0, +\infty)$,
原函数的单调增区间为$(-\infty, 0)$.

(4) 原函数的定义域为$(-1, +\infty)$,
$y'=\dfrac{x}{1+x}$　　令 $y'=0$，得 $x=0$,

x	$(-1, 0)$	0	$(0, +\infty)$
$f'(x)$	−	0	+
$f(x)$	↘		↗

所以，原函数的单调减区间为$(-1, 0)$，

原函数的单调增区间为$(0, +\infty)$.

习题 4.4

1. 求下列函数的极值.

(1) $y=x^3-3x^2+7$；(2) $y=x^4-2x^2+2$；(3) $y=2x^3-x^4$；

(4) $y=\ln(x^2+1)$；(5) $y=\dfrac{x^2}{1+x}$.

解：(1) 原函数的定义域为$(-\infty, +\infty)$，

$y'=3x^2-6x=3x(x-2)$，令$y'=0$，得$x_1=0$，$x_2=2$.

x	$(-\infty, 0)$	0	$(0, 2)$	2	$(2, +\infty)$
$f'(x)$	+	0	−	0	+
$f(x)$	↗	极大值 7	↘	极小值 3	↗

极大值$f(0)=7$，极小值$f(2)=3$.

(2) 原函数的定义域为$(-\infty, +\infty)$，

$y'=4x^3-4x=4x(x+1)(x-1)$，

令$y'=0$，得$x_1=0$，$x_2=-1$，$x_3=1$.

x	$(-\infty, -1)$	-1	$(-1, 0)$	0	$(0, 1)$	1	$(1, +\infty)$
$f'(x)$	−	0	+	0	−	0	+
$f(x)$	↘	极小值 1	↗	极大值 2	↘	极小值 1	↗

极小值$f(-1)=1$和$f(1)=1$，极大值$f(0)=2$.

(3) 原函数的定义域为$(-\infty, +\infty)$，

$y'=6x^2-4x^3=2x^2(3-2x)$，令$y'=0$，得$x_1=0$，$x_2=\dfrac{3}{2}$.

x	$(-\infty, 0)$	0	$(0, \frac{3}{2})$	$\frac{3}{2}$	$(\frac{3}{2}, +\infty)$
$f'(x)$	+	0	+	0	−
$f(x)$	↗	无极值	↗	极大值$\frac{27}{16}$	↘

极大值$f(\frac{3}{2})=\frac{27}{16}$.

(4) 原函数的定义域为$(-\infty, +\infty)$,

$y'=\frac{2x}{x^2+1}$, 令$y'=0$, 得$x=0$.

x	$(-\infty, 0)$	0	$(0, +\infty)$
$f'(x)$	−	0	+
$f(x)$	↘	极小值0	↗

极小值$f(0)=0$

(5) 原函数的定义域为$(-\infty, -1)\cup(-1, +\infty)$.

$y'=\frac{x^2+2x}{(1+x)^2}=\frac{x(x+2)}{(1+x)^2}$, 令$y'=0$, 得$x_1=0$, $x_2=-2$, 还有导数不存在点$x=-1$.

x	$(-\infty, -2)$	−2	$(-2, -1)$	−1	$(-1, 0)$	0	$(0, +\infty)$
$f'(x)$	+	0	−	不存在	−	0	+
$f(x)$	↗	极大值−4	↘	无意义	↘	极小值0	↗

极大值$f(-2)=-4$, 极小值$f(0)=0$.

2. 函数$y=x-\frac{3}{2}x^{\frac{2}{3}}$(A).

A. 有极大值0　B. 有极大值1　C. 有极小值−1　D. 无极值

3. 设函数$y=2x^2+ax+3$在点$x=1$处取得极小值, 则$a=$ $\underline{-4}$.

习题 4.5

1. 求下列函数在给定区间上的最大值与最小值.

(1) $y=x^3-3x^2-9x-5$，$[-2, 6]$；

(2) $y=\ln(x^2+1)$，$[-1, 2]$；

(3) $y=x-\frac{3}{2}x^{\frac{2}{3}}$，$[-1, \frac{27}{8}]$.

解：(1) $y'=3x^2-6x-9=3(x^2-2x-3)=3(x+1)(x-3)$，

令 $y'=0$，得 $x_1=-1$，$x_2=3$，

$f(-2)=-7$，$f(-1)=0$，$f(3)=-32$，$f(6)=49$.

所以，最小值 $f(3)=-32$，最大值 $f(6)=49$.

(2) $y'=\frac{2x}{x^2+1}$，令 $y'=0$，得 $x=0$，

$f(-1)=\ln2$，$f(0)=0$，$f(2)=\ln5$，

所以，最小值 $f(0)=0$，最大值 $f(2)=\ln5$.

(3) $y'=\frac{\sqrt[3]{x}-1}{\sqrt[3]{x}}$，令 $y'=0$，得 $x=1$，还有导数不存在点 $x=0$，

$f(-1)=-\frac{5}{2}$，　$f(1)=-\frac{1}{2}$，$f(\frac{27}{8})=0$，$f(0)=0$

所以，最小值 $f(-1)=-\frac{5}{2}$，最大值 $f(\frac{27}{8})=0$.

2. 有长方形纸板，长 8cm，宽 5cm，将四角各剪去大小相同的小正方形，制成无盖纸盒，问小正方形的边长为多少时，盒子的容积最大？

解：设小正方形的边长为 $x$cm，盒子的容积为 V，

则 $V=(8-2x)(5-2x)x=4x^3-26x^2+40x$

$V'=12x^2-52x+40=4(x-1)(3x-10)$

令 $V'=0$，得 $x_1=1$，$x_2=\frac{10}{3}$(不合题意，舍去).

$V''=24x-52$，而 $V''(1)=24-52=-28$，所以当小正方形的边长为 1cm 时，盒子的容积最大，最大容积 $V=18\text{cm}^3$.

3. 某工厂生产某产品，每批产量为 Q 吨，总成本为 C 万元，产品价格为 P 万元．已知该产品需求函数为 $P=10-0.01Q$，总成本函数为 $C=$

$100+4Q$. 求每批生产多少吨总利润最大？此时总利润为多少？

解：$L(Q)=PQ-C=Q(10-0.01Q)-(100+4Q)$

$=-0.01Q^2+6Q-100$

$L'(Q)=-0.02Q+6$，令 $L'(Q)=0$，得 $Q=300$，

根据实际问题意义，每批生产 300 吨总利润最大，此时总利润为 800 万元.

4. 设 $f(x)=\frac{1}{3}x^3-x$，则 $x=1$ 是 $f(x)$ 在 $[-2, 2]$ 上的（B）.

A. 极小值点，但不是最小值点　　B. 极小值点，也是最小值点

C. 极大值点，但不是最大值点　　D. 极大值点，也是最大值点

5. 函数 $f(x)=\frac{1}{3}x^3-3x^2+9x$ 在 $[0, 4]$ 上的最大值点是 $x=\underline{4}$.

习题 4.6

讨论下列函数的凸向和拐点.

(1) $f(x)=x^4-2x^3+1$；　　(2) $f(x)=x^2+\frac{1}{x}$；

(3) $f(x)=\ln(x^2+1)$；　　(4) $f(x)=-x^2+2x-1$；

(5) $f(x)=\frac{1}{3}x^3-x^2-3x+2$.

解：(1) $f'(x)=4x^3-6x^2$，$f''=12x^2-12x=12x(x-1)$，

令 $f''(x)=0$，得 $x_1=0$，$x_2=1$.

x	$(-\infty, 0)$	0	$(0, 1)$	1	$(1, +\infty)$
$f''(x)$	+	0	−	0	+
$f(x)$	下凸	拐点(0, 1)	上凸	拐点(1, 0)	下凸

所以，(0, 1) 和 (1, 0) 是拐点，函数在 $(-\infty, 0)$ 和 $(1, +\infty)$ 下凸，在 (0, 1) 上凸.

(2) $f'(x)=2x-\frac{1}{x^2}$，$f''(x)=2+\frac{2}{x^3}=\frac{2x^3+2}{x^3}=\frac{2(x^3+1)}{x^3}$，

令 $f''(x)=0$，

得 $x=-1$，但在 $x=0$ 处，$f''(x)$ 不存在．

x	$(-\infty, -1)$	-1	$(-1, 0)$	0	$(0, +\infty)$
$f''(x)$	+	0	−	不存在	+
$f(x)$	下凸	拐点$(-1, 0)$	上凸		下凸

所以，$(-1, 0)$ 是拐点，函数在 $(-\infty, -1)$ 和 $(0, +\infty)$ 下凸，在 $(-1, 0)$ 上凸．

(3) $f'(x)=\dfrac{2x}{x^2+1}$，$f''(x)=\dfrac{2(1-x^2)}{(x^2+1)^2}$，

令 $f''(x)=0$，得 $x_1=-1$，$x_2=1$，

x	$(-\infty, -1)$	-1	$(-1, 1)$	1	$(1, +\infty)$
$f''(x)$	−	0	+	0	−
$f(x)$	上凸	拐点$(-1, \ln 2)$	下凸	拐点$(1, \ln 2)$	上凸

所以，$(1, \ln 2)$，$(-1, \ln 2)$ 是拐点，函数在 $(-1, 1)$ 下凸，在 $(-\infty, -1)$ 和 $(1, +\infty)$ 上凸．

(4) $f(x)=-x^2+2x-1$，$f'(x)=-2x+2$，$f''(x)=-2<0$，

所以，无拐点，函数在 $(-\infty, +\infty)$ 上凸．

(5) $f(x)=\dfrac{1}{3}x^3-x^2-3x+2$，$f'(x)=x^2-2x-3$，$f''(x)=2(x-1)$，

令 $f''(x)=0$，得 $x=1$，

x	$(-\infty, 1)$	1	$(1, +\infty)$
$f''(x)$	−	0	+
$f(x)$	上凸	拐点$\left(1, -\dfrac{5}{3}\right)$	下凸

所以，$\left(1, -\dfrac{5}{3}\right)$ 是拐点，函数在 $(-\infty, 1)$ 上凸，在 $(1, +\infty)$ 下凸．

习题 4.7

1. 已知某商品的总成本函数为 $C=200+\frac{Q^2}{4}$，求生产 10 个产品时的平均成本及边际成本.

2. 设某商品的需求函数为 $Q(P)=100e^{-\frac{P}{4}}$，求：(1)需求弹性函数；(2)当 $P=4$ 时的需求弹性.

解：1. $C'=\frac{1}{2}Q$，平均成本：$\overline{C}(10)=\frac{200+\frac{10^2}{4}}{10}=22.5$，边际成本：

$$C'(10)=\frac{1}{2}\times 10=5.$$

2. 需求弹性函数为 $\frac{EQ}{EP}=-\frac{P}{4}$，当 $P=4$ 时的需求弹性为 -1.

第五章　不定积分

一、学习要点

1. 理解原函数和不定积分的概念.

2. 能正确运用基本积分公式和运算法则，以及不定积分的换元法和分部积分法来计算不定积分.

二、重点、难点解析

（一）不定积分的基本概念和性质

1. 原函数的概念

设$f(x)$是定义在区间I上的函数，如果存在函数$F(x)$，使得对于任意的$x \in I$都有

$$F'(x)=f(x) \text{或} \mathrm{d}F(x)=f(x)\mathrm{d}x,$$

则称$F(x)$是$f(x)$在区间I上的一个原函数.

如$(\sin x)'=\cos x$，则$\sin x$是$\cos x$在$\mathbf{R}$上的一个原函数.

2. 原函数的性质

(1) 连续函数一定存在原函数，存在原函数的函数不一定连续.

如：

$$F(x)=\begin{cases} x^2\sin\dfrac{1}{x}, & x\neq 0 \\ 0, & x=0 \end{cases}$$

在$(-\infty, +\infty)$内有

$$f(x)=F'(x)=\begin{cases} 2x\sin\dfrac{1}{x}-\cos\dfrac{1}{x}, & x\neq 0 \\ 0, & x=0 \end{cases}$$

所以，$f(x)$在$(-\infty, +\infty)$内有原函数$F(x)$，但函数$f(x)$在$x=0$处不连续.

(2) 若$F(x)$是$f(x)$在区间I上的原函数，则$F(x)$在区间I上处处可导.

(3) 若$f(x)$在区间I上有原函数$F(x)$，则$f(x)$在区间I上有无数个原函数，全体原函数可表示为$F(x)+C$，C为任意常数.

3. 不定积分的定义

设函数$F(x)$是$f(x)$的一个原函数，则带有任意常数项的原函数$F(x)+C$称为$f(x)$的不定积分，记作

$$\int f(x)\mathrm{d}x = F(x) + C.$$

4. 积分和微分的关系

(1) $\dfrac{\mathrm{d}}{\mathrm{d}x}\left[\int f(x)\mathrm{d}x\right] = f(x)$；

(2) $\int f'(x)\mathrm{d}x = f(x) + C$.

5. 不定积分的性质

性质 1 $\int [f(x) \pm g(x)]\mathrm{d}x = \int f(x)\mathrm{d}x \pm \int g(x)\mathrm{d}x$；

性质 2 $\int kf(x)\mathrm{d}x = k\int f(x)\mathrm{d}x$ （k为非零常数）.

(二)不定积分的计算

1. 利用基本积分公式计算不定积分：

基本积分表

(1) $\int 0\mathrm{d}x = C$；

(2) $\int x^{\alpha}\mathrm{d}x = \dfrac{1}{\alpha+1}x^{\alpha+1} + C(\alpha \neq -1)$；

(3) $\int \dfrac{1}{x}\mathrm{d}x = \ln|x| + C$；

(4) $\int a^{x}\mathrm{d}x = \dfrac{1}{\ln a}a^{x} + C$；

(5) $\int e^x dx = e^x + C$;

(6) $\int \cos x dx = \sin x + C$;

(7) $\int \sin x dx = -\cos x + C$;

(8) $\int \frac{1}{\cos^2 x} dx = \int \sec^2 x dx = \tan x + C$;

(9) $\int \frac{1}{\sin^2 x} dx = \int \csc^2 x dx = -\cot x + C$;

(10) $\int \sec x \tan x dx = \sec x + C$;

(11) $\int \csc x \cot x dx = -\cot x + C$;

(12) $\int \frac{1}{\sqrt{1-x^2}} dx = \arcsin x + C$;

(13) $\int \frac{1}{1+x^2} dx = \arctan x + C$.

2. 利用第一类换元法计算不定积分

定理　对于 u 为自变量的不定积分，若 $\int f(u) du = F(u) + C$

则当 $u = \varphi(x)$，$\varphi(x)$ 可导，有

$$\int f[\varphi(x)]\varphi'(x) dx = F[\varphi(x)] + C.$$

使用这种换元积分法(也叫第一类换元积分法)，要求被积表达式中一部分为 $f[\varphi(x)]$，另一部分能够凑出 $d\varphi(x)$，所以也叫凑微分法.

下面是一种常用的凑微分类型：

设 $\int f(u) du = F(u) + C$

(1) $\int f(ax+b) dx = \frac{1}{a}\int f(ax+b) d(ax+b)$;

(2) $\int f(ax^n+b) x^{n-1} dx = \frac{1}{na}\int f(ax^n+b) d(ax^n+b)$;

(3) $\int f(\ln x) \frac{1}{x} dx = \int f(\ln x) d\ln x$;

(4) $\int f(e^x) e^x dx = \int f(e^x) de^x$;

(5) $\int f(\sin x)\cos x\mathrm{d}x = \int f(\sin x)\mathrm{d}\sin x$;

$\int f(\cos x)\sin x\mathrm{d}x = -\int f(\cos x)\mathrm{d}\cos x$;

(6) $\int f(\tan x)\sec^2 x\mathrm{d}x = \int f(\tan x)\mathrm{d}\tan x$;

$\int f(\cot x)\csc^2 x\mathrm{d}x = -\int f(\cot x)\mathrm{d}\cot x$;

(7) $\int f(\arcsin x)\frac{\mathrm{d}x}{\sqrt{1-x^2}} = \int f(\arcsin x)\mathrm{d}\arcsin x$;

(8) $\int f(\arctan x)\frac{\mathrm{d}x}{1+x^2} = \int f(\arctan x)\mathrm{d}\arctan x$;

(9) $\int \frac{\varphi'(x)}{\varphi(x)}\mathrm{d}x = \int \frac{1}{\varphi(x)}\mathrm{d}\varphi(x)$.

3. 利用第二类换元法计算不定积分

***定理** 设函数 $x=\varphi(t)$ 及 $\int [\varphi(t)]\varphi'(t)\mathrm{d}t = F(t)+C$ 都是连续函数，且 $\varphi'(t)\neq 0$，$x=\varphi(t)$ 的反函数 $t=\varphi^{-1}(x)$ 存在且可导，并有

$$\int [\varphi(t)]\varphi'(t)\mathrm{d}t = F(t)+C,$$

则 $$\int f(x)\mathrm{d}x = F[\varphi^{-1}(x)]+C.$$

第二类换元法通常用于被积函数中含有根号的情形，常用的变量替换如下：

(1) 被积函数中同时含有 $\sqrt[n_1]{x}$ 和 $\sqrt[n_2]{x}$，则令 $t=\sqrt[n]{x}$，其中 n 为 n_1 和 n_2 的最小公倍数；

(2) 被积函数中含有 $\sqrt[n]{ax+b}$，则令 $\sqrt[n]{ax+b}=t$；

(3) 被积函数中含有 $\sqrt{a^2-x^2}$，则令 $x=a\sin t$；

(4) 被积函数中含有 $\sqrt{x^2-a^2}$，则令 $x=a\sec t$；

(5) 被积函数中含有 $\sqrt{x^2+a^2}$，则令 $x=a\tan t$.

4. 利用分部积分法计算不定积分

定理 若 $u=u(x)$，$v=v(x)$ 都有连续导数，则

$\int u\mathrm{d}v = uv - \int v\mathrm{d}u$.

在用分部积分法时，关键是恰当地选取 u 和 dv，要考虑两点：①v 要容易求得；②$\int v du$ 要比 $\int u dv$ 更容易计算.

如：求 $\int x\cos x dx$.

如果设　$u=x$，　$v=\sin x$，

$\int x\cos x dx = \int x d\sin x = x\sin x - \int \sin x dx = x\sin x + \cos x + C$.

如果设 $u=\cos x$，则 $v=\frac{x^2}{2}$，

于是　$\int x\cos x dx = \int \cos x d(\frac{1}{2}x^2) = \frac{1}{2}x^2\cos x + \frac{1}{2}\int x^2\sin x dx$.

上式右端的积分比原积分更不容易求出，所以，选择前一种方法较好.

三、典型例题解析

例 1　求下列不定积分.

(1) $\int \left(x+\frac{1}{\sqrt{x}}\right)^2 dx$；　　(2) $\int \frac{\sqrt{x}(x-3)}{x}dx$；

(3) $\int (2^x+x^2)dx$；　　(4) $\int \frac{\cos 2x}{\sin^2 x\cos^2 x}dx$.

解：(1) $\int \left(x+\frac{1}{\sqrt{x}}\right)^2 dx = \int (x^2+2x^{\frac{1}{2}}+\frac{1}{x})dx$

$= \int x^2 dx + \int 2x^{\frac{1}{2}}dx + \int \frac{1}{x}dx$

$= \frac{1}{3}x^3 + \frac{4}{3}x^{\frac{3}{2}} + \ln|x| + C$.

(2) $\int \frac{\sqrt{x}(x-3)}{x}dx = \int (x^{\frac{1}{2}} - 3x^{-\frac{1}{2}})dx = \int x^{\frac{1}{2}}dx - 3\int x^{-\frac{1}{2}}dx$

$= \frac{2}{3}x^{\frac{3}{2}} - 6x^{\frac{1}{2}} + C$.

(3) $\int (2^x+x^2)dx = \int 2^x dx + \int x^2 dx = \frac{1}{\ln 2}2^x + \frac{1}{3}x^3 + C$.

(4) $\int \frac{\cos 2x}{\sin^2 x\cos^2 x}dx = \int \frac{\cos^2 x - \sin^2 x}{\sin^2 x\cos^2 x}dx = \int \frac{1}{\sin^2 x}dx - \int \frac{1}{\cos^2 x}dx$

$$= \int \csc^2 x \mathrm{d}x - \int \sec^2 x \mathrm{d}x$$

$$= -\cot x - \tan x + C.$$

例 2 求下列不定积分.

(1) $\int x\sqrt{2-3x^2}\mathrm{d}x$; (2) $\int x^2 \mathrm{e}^{-x}\mathrm{d}x$;

(3) $\int \frac{\mathrm{e}^x}{1+\mathrm{e}^x}\mathrm{d}x$; (4) $\int \frac{\ln^2 x}{x}\mathrm{d}x$.

解: (1) $\int x\sqrt{2-3x^2}\mathrm{d}x = \int x(2-3x^2)^{\frac{1}{2}}\mathrm{d}x$

$$= \int (2-3x^2)^{\frac{1}{2}}\left(\frac{1}{2}x^2\right)'\mathrm{d}x$$

$$= -\frac{1}{6}\int (2-3x^2)^{\frac{1}{2}}(2-3x^2)'\mathrm{d}x$$

$$= -\frac{1}{6}\int (2-3x^2)^{\frac{1}{2}}\mathrm{d}(2-3x^2)$$

$$\underline{\underline{\text{代换}(2-3x^2)=u}} -\frac{1}{6}\int u^{\frac{1}{2}}\,\mathrm{d}u$$

$$\underline{\underline{\text{利用公式}}} -\frac{1}{6}\cdot\frac{2}{3}\cdot u^{\frac{3}{2}} + C$$

$$\underline{\underline{\text{还原}\ u=2-3x^2}} -\frac{1}{9}(2-3x^2)^{\frac{3}{2}} + C.$$

(2) $\int x^2\mathrm{e}^{-x}\mathrm{d}x = \int x^2(-\mathrm{e}^{-x})'\mathrm{d}x$

$$= x^2(-\mathrm{e}^{-x}) - \int (-\mathrm{e}^{-x})(x^2)'\mathrm{d}x$$

$$= -x^2\mathrm{e}^{-x} + 2\int x\mathrm{e}^{-x}\mathrm{d}x$$

$$= -x^2\mathrm{e}^{-x} + 2\left[\int x(-\mathrm{e}^{-x})'\mathrm{d}x\right]$$

$$= -x^2\mathrm{e}^{-x} + 2\left[x(-\mathrm{e}^{-x}) - \int (-\mathrm{e}^{-x})x'\mathrm{d}x\right]$$

$$= -x^2\mathrm{e}^{-x} - 2x\mathrm{e}^{-x} - 2\mathrm{e}^{-x} + C$$

$$= -(x^2+2x+2)\mathrm{e}^{-x} + C.$$

(3) $\int \frac{\mathrm{e}^x}{1+\mathrm{e}^x}\mathrm{d}x = \int \frac{(1+\mathrm{e}^x)'}{1+\mathrm{e}^x}\mathrm{d}x = \int \frac{1}{1+\mathrm{e}^x}\mathrm{d}(1+\mathrm{e}^x) = \ln(1+\mathrm{e}^x) + C.$

(4) $\int \frac{\ln^2 x}{x}dx = \int \ln^2 x d\ln x = \frac{1}{3}\ln^3 x + C.$

例 3　求下列不定积分.

(1) $\int \frac{1}{\sqrt{x}+\sqrt[3]{x}}dx$;　　(2) $\int \frac{dx}{1+\sqrt{1-x^2}}$;

(3) $\int \frac{1}{(1+x^2)^2}dx$;　　(4) $\int \frac{xe^x}{\sqrt{e^x-1}}dx.$

解：(1) 为了同时去掉被积函数的两根号，作换元 $x=t^6$，代入原式得

$$\begin{aligned}\int \frac{1}{\sqrt{x}+\sqrt[3]{x}}dx &= \int \frac{6t^5}{t^3+t^2}dt = 6\int \frac{t^3+1-1}{t+1}dt \\ &= 6\int \frac{t^3+1}{t+1}dt - 6\int \frac{1}{t+1}dt \\ &= 6\int \frac{(t+1)(t^2-t+1)}{t+1}dt - 6\int \frac{1}{t+1}d(t+1) \\ &= 6\int (t^2-t+1)dt - 6\int \frac{1}{t+1}d(t+1) \\ &= 6\left(\frac{t^3}{3}-\frac{t^2}{2}+t\right) - 6\ln|t+1| + C. \\ &\underline{\text{还原 } t=x^{\frac{1}{6}}}\ 2\sqrt{x} - 3\sqrt[3]{x} + 6\sqrt[6]{x} - 6\ln\left|\sqrt[6]{x}+1\right| + C.\end{aligned}$$

(2) 设 $x=\sin t$ $(0<t<\frac{\pi}{2})$ 代入原式得

$$\begin{aligned}\int \frac{dx}{1+\sqrt{1-x^2}} &= \int \frac{d\sin t}{1+\sqrt{1-\sin^2 t}} = \int \frac{\cos t}{1+\cos t}dt \\ &= \int \left(1-\frac{1}{1+\cos t}\right)dt \\ &= \int dt - \int \frac{1}{\cos^2 \frac{t}{2}}d\left(\frac{t}{2}\right) \\ &= t - \tan\frac{t}{2} + C = \arcsin x - \frac{x}{1+\sqrt{1-x^2}} + C.\end{aligned}$$

(3) 设 $x=\tan t$，代入原式得

$$\begin{aligned}\int \frac{1}{(1+x^2)^2}dx &= \int \frac{1}{(1+\tan^2 t)^2}d\tan t = \int \frac{\sec^2 t}{\sec^4 t}dt = \int \cos^2 t dt \\ &= \frac{1}{2}\int (1+\cos 2t)dt = \frac{1}{2}t + \frac{1}{4}\sin 2t + C\end{aligned}$$

$$=\frac{1}{2}\arctan x+\frac{x}{2(1+x^2)}+C.$$

(4) 设 $\sqrt{e^x-1}=t$，则 $e^x=1+t^2$，$x=\ln(1+t^2)$，$dx=\frac{2t}{1+t^2}dt$

$$\int\frac{xe^x}{\sqrt{e^x-1}}dx=\int\frac{(1+t^2)\ln(1+t^2)}{t}\cdot\frac{2t}{1+t^2}dt=2\int\ln(1+t^2)dt$$

$$\underline{\underline{\text{分部积分}}}2t\ln(1+t^2)-4\int\frac{t^2}{1+t^2}dt$$

$$=2t\ln(1+t^2)-4t+4\arctan t+C$$

$$=2x\sqrt{e^x-1}-4\sqrt{e^x-1}+4\arctan\sqrt{e^x-1}+C.$$

四、习题解答

习题 5.1

1. 验证：函数 $\frac{1}{2}e^{x^2}$，$\frac{1}{2}e^{x^2}-2$，$\frac{1}{2}e^{x^2}+4$，$\frac{1}{2}e^{x^2}+C$（C 为任意常数）都是 xe^{x^2} 的原函数.

证明：因为

$$\left(\frac{1}{2}e^{x^2}\right)'=\left(\frac{1}{2}e^{x^2}-2\right)'=\left(\frac{1}{2}e^{x^2}+4\right)'=\left(\frac{1}{2}e^{x^2}+C\right)'=xe^{x^2},$$

所以，都是 xe^{x^2} 的原函数.

2. 试求下面两个不定积分.

(1) $\int x\sqrt{x}dx$；　　(2) $\int(e^x+\sin x)dx$.

解：(1) $\int x\sqrt{x}dx=\int x^{\frac{3}{2}}dx=\frac{1}{\frac{3}{2}+1}x^{\frac{3}{2}+1}+C=\frac{2}{5}x^{\frac{5}{2}}+C.$

(2) $\int(e^x+\sin x)dx=\int e^xdx+\int\sin xdx=e^x-\cos x+C.$

3. 已知曲线上任意一点处的切线斜率等于该点横坐标的倒数，且过点 (e，2)，试求此曲线的方程.

解：设原函数为 $y=f(x)$，依题意 $y'=\frac{1}{x}$.

因为$(\ln|x|+C)'=\frac{1}{x}$（C为常数），所以$y=\ln|x|+C$，将点$(e, 2)$坐标代入此式，得$C=1$，所以原函数为：$y=\ln|x|+1$.

习题 5.2

1. 如果$F(x)$是$f(x)$的一个原函数，C为不等于0也不等于1的其他任意常数，则下列函数中也必是$f(x)$原函数的是（D）.

A. $Cf(x)$　　B. $F(Cx)$　　C. $F\left(\frac{x}{C}\right)$　　D. $C+F(x)$

2. 下列各式正确的是（A）.

A. $\left[\int f(x)\mathrm{d}x\right]'=f(x)$　　B. $\mathrm{d}\int f(x)\mathrm{d}x=f(x)$

C. $\int f'(x)\mathrm{d}x=f(x)$　　D. $\int \mathrm{d}f(x)=f(x)$

3. 设$f(x)=\frac{\sin x}{x}$，那么$\left[\int f(x)\mathrm{d}x\right]'=$（B）.

A. $\frac{\cos x}{x}$　　B. $\frac{\sin x}{x}$　　C. $\frac{\cos x}{x}+C$　　D. $\frac{\sin x}{x}+C$

习题 5.3

1. 选择题.

（1）如果$\int f(x)\mathrm{d}x=2xe^{x^2}+C$，那么$f(x)=$（C）.

A. e^{x^2}　　B. $e^{x^2}+C$

C. $2e^{x^2}+4x^2e^{x^2}$　　D. $2e^{x^2}+4x^2e^{x^2}+C$

（2）函数$f(x)=e^{-2x}$的不定积分是（D）.

A. $e^{-2x}+C$　　B. $-2e^{-2x}$

C. $-\frac{1}{2}e^{-2x}$　　D. $-\frac{1}{2}e^{-2x}+C$

2. 求下列不定积分.

(1) $\int x\sqrt[3]{x}\,dx$；　(2) $\int 2^x 3^x dx$；　(3) $\int \frac{(1+x)^2}{\sqrt{x}}dx$；

(4) $\int (2e^x - 3\sin x)dx$；(5) $\int (\sqrt{x}-\frac{1}{\sqrt{x}})dx$；(6) $\int (\sqrt{x}+1)\left(x-\frac{1}{\sqrt{x}}\right)dx$.

解：(1) $\int x\sqrt[3]{x}\,dx = \int x^{\frac{4}{3}}dx = \frac{1}{\frac{7}{3}}x^{\frac{7}{3}} + C = \frac{3}{7}x^{\frac{7}{3}} + C.$

(2) $\int 2^x 3^x dx = \int 6^x dx = \frac{1}{\ln 6}6^x + C.$

(3) $\int \frac{(1+x)^2}{\sqrt{x}}dx = \int \frac{1+2x+x^2}{\sqrt{x}}dx = \int (x^{-\frac{1}{2}} + 2x^{\frac{1}{2}} + x^{\frac{3}{2}})dx$

$= \int x^{-\frac{1}{2}}dx + 2\int x^{\frac{1}{2}}dx + \int x^{\frac{3}{2}}dx$

$= \frac{1}{-\frac{1}{2}+1}x^{-\frac{1}{2}+1} + \frac{2}{\frac{1}{2}+1}x^{\frac{1}{2}+1} + \frac{1}{\frac{3}{2}+1}x^{\frac{3}{2}+1} + C$

$= 2x^{\frac{1}{2}} + \frac{4}{3}x^{\frac{3}{2}} + \frac{2}{5}x^{\frac{5}{2}} + C.$

(4) $\int (2e^x - 3\sin x)dx = 2\int e^x dx - 3\int \sin x dx = 2e^x + 3\cos x + C.$

(5) $\int (\sqrt{x}-\frac{1}{\sqrt{x}})dx = \int x^{\frac{1}{2}}dx - \int x^{-\frac{1}{2}}dx$

$= \frac{1}{\frac{1}{2}+1}x^{\frac{1}{2}+1} - \frac{1}{-\frac{1}{2}+1}x^{-\frac{1}{2}+1} + C$

$= \frac{2}{3}x\sqrt{x} - 2\sqrt{x} + C.$

(6) $\int (\sqrt{x}+1)\left(x-\frac{1}{\sqrt{x}}\right)dx = \int (x^{\frac{3}{2}} - 1 + x - x^{-\frac{1}{2}})dx$

$= \frac{2}{5}x^2\sqrt{x} + \frac{x^2}{2} - x - 2\sqrt{x} + C.$

3. 求下列不定积分.

(1) $\int \cos^2\frac{x}{2}dx$；　(2) $\int \cot^2 x dx$；　(3) $\int \frac{e^{2x}-1}{e^x-1}dx$；

(4) $\int \frac{\cos 2x}{\cos x - \sin x}dx$;　(5) $\int \frac{1}{x^2(1+x^2)}dx$;　(6) $\int e^x(1 - \frac{e^{-x}}{1+x^2})dx$.

解: (1) $\int \cos^2 \frac{x}{2}dx = \int \frac{1+\cos x}{2}dx = \frac{1}{2}\int dx + \frac{1}{2}\int \cos x dx$

$$= \frac{1}{2}x + \frac{1}{2}\sin x + C.$$

(2) $\int \cot^2 x dx = \int (\csc^2 x - 1)dx = \int \csc^2 x dx - \int dx = -\cot x - x + C.$

(3) $\int \frac{e^{2x}-1}{e^x-1}dx = \int \frac{(e^x+1)(e^x-1)}{e^x-1}dx = \int (e^x+1)dx$

$$= \int e^x dx + \int dx = e^x + x + C.$$

(4) $\int \frac{\cos 2x}{\cos x - \sin x}dx = \int \frac{\cos^2 x - \sin^2 x}{\cos x - \sin x}dx$

$$= \int \frac{(\cos x + \sin x)(\cos x - \sin x)}{\cos x - \sin x}dx$$

$$= \int (\cos x + \sin x)dx$$

$$= \int \cos x dx + \int \sin x dx = \sin x - \cos x + C.$$

(5) $\int \frac{1}{x^2(1+x^2)}dx = \int (\frac{1}{x^2} - \frac{1}{1+x^2})dx = \int \frac{1}{x^2}dx - \int \frac{1}{1+x^2}dx$

$$= -\frac{1}{x} - \arctan x + C.$$

(6) $\int e^x(1 - \frac{e^{-x}}{1+x^2})dx = \int e^x dx - \int \frac{1}{1+x^2}dx = e^x - \arctan x + C.$

习题 5.4

1. 填空题.

(1) $\int d\sin(1-3x) = \underline{\sin(1-3x) + C}$.

(2) 若 $\int f(x)dx = F(x) + C$，那么 $\int e^{-x}f(e^{-x})dx = \underline{-F(e^{-x}) + C}$.

2. 求下列不定积分.

(1) $\int (3-2x)^4 dx$;　　(2) $\int \frac{dx}{x-3}$;

(3) $\int \frac{dx}{(5x+4)^2}$;　　(4) $\int e^{-\frac{t}{3}}dt$;

(5) $\int 2\sin 2x dx$;　　(6) $\int \frac{\ln^2 x}{x}dx$;

(7) $\int \frac{e^x}{\sqrt{1-e^x}}dx$;　　(8) $\int e^t \cos e^t dt$;

(9) $\int \frac{e^x}{1+e^{2x}}dx$;　　(10) $\int \frac{1}{\sqrt{3x+2}-\sqrt{3x-2}}dx$.

解：(1) $\int (3-2x)^4 dx = -\frac{1}{2}\int (3-2x)^4 d(3-2x) = -\frac{1}{10}(3-2x)^5 + C.$

(2) $\int \frac{dx}{x-3} = \int \frac{1}{x-3}d(x-3) = \ln|x-3| + C.$

(3) $\int \frac{dx}{(5x+4)^2} = \frac{1}{5}\int \frac{1}{(5x+4)^2}d(5x+4) = -\frac{1}{5(5x+4)} + C.$

(4) $\int e^{-\frac{t}{3}}dt = (-3)\int e^{-\frac{t}{3}}d(-\frac{1}{3}t) = -3e^{-\frac{t}{3}} + C.$

(5) $\int 2\sin 2x dx = \int \sin 2x d2x = -\cos 2x + C.$

(6) $\int \frac{\ln^2 x}{x}dx = \int \ln^2 x d\ln x = \frac{1}{3}\ln^3 x + C.$

(7) $\int \frac{e^x}{\sqrt{1-e^x}}dx = -\int \frac{1}{\sqrt{1-e^x}}d(1-e^x) = -\int (1-e^x)^{-\frac{1}{2}}d(1-e^x)$

$= -2\sqrt{1-e^x} + C.$

(8) $\int e^t \cos e^t dt = \int \cos e^t de^t = \sin e^t + C.$

(9) $\int \frac{e^x}{1+e^{2x}}dx = \int \frac{1}{1+(e^x)^2}de^x = \arctan e^x + C.$

(10) $\int \frac{1}{\sqrt{3x+2}-\sqrt{3x-2}}dx$

$= \int \frac{\sqrt{3x+2}+\sqrt{3x-2}}{(\sqrt{3x+2}-\sqrt{3x-2})(\sqrt{3x+2}+\sqrt{3x+2})}dx$

$= \frac{1}{4}\int (\sqrt{3x+2}+\sqrt{3x-2})dx$

$= \frac{1}{12}\int (3x+2)^{\frac{1}{2}}d(3x+2) + \frac{1}{12}\int (3x-2)^{\frac{1}{2}}d(3x-2)$

$$=\frac{1}{18}(3x+2)^{\frac{3}{2}}+\frac{1}{18}(3x-2)^{\frac{3}{2}}+C.$$

3. 求下列不定积分.

(1) $\int\frac{dx}{1+\sqrt{2+x}}$;　　(2) $\int\frac{dx}{e^x-1}$;

(3) $\int\frac{x}{\sqrt{x-3}}dx$;　　(4) $\int\frac{1}{x^2\sqrt{x^2+1}}dx$.

解：(1) 令 $\sqrt{2+x}=t$，则 $x=t^2-2$，代入原式得

$$\int\frac{dx}{1+\sqrt{2+x}}=\int\frac{1}{1+t}d(t^2-2)=\int\frac{2t}{1+t}dt$$

$$=2\int\frac{1+t-1}{1+t}dt=2\int dt-2\int\frac{1}{1+t}d(1+t)$$

$$=2t-2\ln|1+t|+C$$

$$=2(\sqrt{x+2}-\ln|1+\sqrt{2+x}|)+C.$$

(2) 令 $e^x=t$，则 $x=\ln t$，代入原式得

$$\int\frac{dx}{e^x-1}=\int\frac{1}{t-1}d\ln t=\int\frac{1}{(t-1)t}dt=\int(\frac{1}{t-1}-\frac{1}{t})dt$$

$$=\int\frac{1}{t-1}dt-\int\frac{1}{t}dt=\ln|t-1|-\ln|t|+C$$

$$=\ln|e^x-1|-x+C.$$

(3) 令 $\sqrt{x-3}=t$，则 $x=t^2+3$，代入原式得

$$\int\frac{x}{\sqrt{x-3}}dx=\int\frac{t^2+3}{t}d(t^2+3)=2\int(t^2+3)dt$$

$$=\frac{2}{3}t^3+6t+C=\frac{2}{3}(x-3)^{\frac{3}{2}}+6(x-3)^{\frac{1}{2}}+C.$$

(4) 令 $x=\tan t$，代入原式得

$$\int\frac{1}{x^2\sqrt{x^2+1}}dx=\int\frac{1}{\tan^2t\sqrt{1+\tan^2t}}d\tan t$$

$$=\int\frac{1}{\tan^2t\cdot\sec t}\cdot\sec^2t dt=\int\frac{1}{\sin^2t}d\sin t$$

$$=-\frac{1}{\sin t}+C=-\frac{\sqrt{1+x^2}}{x}+C.$$

习题 5.5

1. 选择题.

(1) 下列不定积分中，常用分部积分法计算的是 (C).

A. $\int \cos(2x+1)\mathrm{d}x$　　B. $\int x\sqrt{1-x^2}\mathrm{d}x$

C. $\int x\sin 2x\mathrm{d}x$　　D. $\int \frac{x}{1+x^2}\mathrm{d}x$

(2) 下列分部积分中，u，$\mathrm{d}v$ 选择正确的是 (A).

A. $\int x\sin 2x\mathrm{d}x$，令 $u=x$，$\mathrm{d}v=\sin 2x\mathrm{d}x$

B. $\int \ln x\mathrm{d}x$，令 $u=1$，$\mathrm{d}v=\ln x\mathrm{d}x$

C. $\int x^2\mathrm{e}^{-x}\mathrm{d}x$，令 $u=\mathrm{e}^{-x}$，$\mathrm{d}v=x^2\mathrm{d}x$

D. $\int x\mathrm{e}^x\mathrm{d}x$，令 $u=\mathrm{e}^x$，$\mathrm{d}v=x\mathrm{d}x$

2. 求下列不定积分.

(1) $\int x\sin x\mathrm{d}x$；　　(2) $\int x^2\mathrm{e}^x\mathrm{d}x$；

(3) $\int \mathrm{e}^x\cos x\mathrm{d}x$；　　(4) $\int \sin\sqrt{x}\mathrm{d}x$；

(5) $\int x^2\sin x\mathrm{d}x$；　　(6) $\int x^2\mathrm{e}^{-x}\mathrm{d}x$.

解：(1) $\int x\sin x\mathrm{d}x = -\int x\mathrm{d}\cos x = -x\cos x + \int \cos x\mathrm{d}x$

$= -x\cos x + \sin x + C.$

(2) $\int x^2\mathrm{e}^x\mathrm{d}x = \int x^2\mathrm{d}\mathrm{e}^x = x^2\mathrm{e}^x - \int \mathrm{e}^x\mathrm{d}x^2 = x^2\mathrm{e}^x - 2\int x\mathrm{e}^x\mathrm{d}x$

$= x^2\mathrm{e}^x - 2\int x\mathrm{d}\mathrm{e}^x = x^2\mathrm{e}^x - 2x\mathrm{e}^x + 2\int \mathrm{e}^x\mathrm{d}x$

$= x^2\mathrm{e}^x - 2x\mathrm{e}^x + 2\mathrm{e}^x + C.$

(3) $\int \mathrm{e}^x\cos x\mathrm{d}x = \int \mathrm{e}^x\mathrm{d}\sin x = \mathrm{e}^x\sin x - \int \sin x\mathrm{d}\mathrm{e}^x$

$= \mathrm{e}^x\sin x - \int \mathrm{e}^x\sin x\mathrm{d}x = \mathrm{e}^x\sin x + \int \mathrm{e}^x\mathrm{d}\cos x$

$$= e^x\sin x + e^x\cos x - \int e^x\cos x\mathrm{d}x$$

即　$\int e^x\cos x\mathrm{d}x = e^x\sin x + e^x\cos x - \int e^x\cos x\mathrm{d}x.$

将上式变形得　$2\int e^x\cos x\mathrm{d}x = e^x\sin x + e^x\cos x,$

$$\int e^x\cos x\mathrm{d}x = \frac{1}{2}(e^x\sin x + e^x\cos x) + C.$$

（4）令$\sqrt{x}=t$，则 $x=t^2$，

$$\int \sin\sqrt{x}\mathrm{d}x = \int \sin t\mathrm{d}t^2 = 2\int t\sin t\mathrm{d}t = -2\int t\mathrm{d}\cos t$$

$$= -2t\cos t + 2\int \cos t\mathrm{d}t = -2t\cos t + 2\sin t + C$$

$$= -2\sqrt{x}\cos\sqrt{x} + 2\sin\sqrt{x} + C.$$

（5）$\int x^2\sin x\mathrm{d}x = -\int x^2\mathrm{d}\cos x = -x^2\cos x + 2\int x\cos x\mathrm{d}x$

$$= -x^2\cos x + 2\int x\mathrm{d}\sin x$$

$$= -x^2\cos x + 2x\sin x - 2\int \sin x\mathrm{d}x$$

$$= -x^2\cos x + 2x\sin x + 2\cos x + C.$$

（6）$\int x^2e^{-x}\mathrm{d}x = -\int x^2\mathrm{d}e^{-x} = -x^2e^{-x} + \int e^{-x}\mathrm{d}x^2$

$$= -x^2e^{-x} + 2\int xe^{-x}\mathrm{d}x$$

$$= -x^2e^{-x} - 2\int x\mathrm{d}e^{-x}$$

$$= -x^2e^{-x} - 2xe^{-x} + 2\int e^{-x}\mathrm{d}x$$

$$= -(x^2 + 2x + 2)e^{-x} + C.$$

第六章　定积分

一、学习要点

1. 理解定积分的概念和性质.

2. 理解积分上限函数的概念和性质.

3. 掌握牛顿—莱布尼兹公式的使用，定积分的换元积分法和分部积分法.

4. 理解无穷区间上的广义积分概念并掌握其计算方法.

5. 掌握利用定积分计算平面图形的面积的方法.

二、重点、难点解析

1. 定积分的定义

定积分是积分的极限，即

$$\int_a^b f(x)\,\mathrm{d}x = \lim_{\lambda\to 0}\sum_{i=1}^{n} f(\xi_i)\Delta x_i,$$

这是一个确定的常数，定积分的值由被积函数的积分区间唯一确定，与积分变量的字母符号无关，即

$$\int_a^b f(x)\,\mathrm{d}x = \int_a^b f(t)\,\mathrm{d}t = \int_a^b f(u)\,\mathrm{d}u.$$

2. 定积分的性质

(1) 规定：$\int_a^a f(x)\,\mathrm{d}x = 0, \int_a^b f(x)\,\mathrm{d}x = -\int_b^a f(x)\,\mathrm{d}x.$

(2)两个函数代数和的定积分等于这两个函数定积分的代数和：

$\int_a^b [f(x) \pm g(x)]\,\mathrm{d}x = \int_a^b f(x)\,\mathrm{d}x \pm \int_a^b g(x)\,\mathrm{d}x.$

被积函数的常数因子可以提到积分符号外面：

$$\int_a^b kf(x)\,\mathrm{d}x = k\int_a^b f(x)\,\mathrm{d}x \qquad (k \text{ 为常数}).$$

(3) 如果在区间$[a, b]$上，$f(x)\equiv 1$，则$\int_a^b 1\,\mathrm{d}x = \int_a^b \mathrm{d}x = b-a$.

(4) 如果在区间$[a, b]$上，$f(x)\leqslant g(x)$，则

$$\int_a^b f(x)\,\mathrm{d}x \leqslant \int_a^b g(x)\,\mathrm{d}x.$$

(5) (定积分的估值定理) 设M及m分别是函数$f(x)$在区间$[a, b]$上的最大值和最小值，则

$$m(a-b) \leqslant \int_a^b f(x)\,\mathrm{d}x \leqslant M(a-b).$$

(6) (定积分的中值定理) 若函数$f(x)$在区间$[a, b]$上连续，则在区间$[a, b]$上至少存在一点ξ，使下式成立：

$$\int_a^b f(x)\,\mathrm{d}x = f(\xi)(a-b) \qquad (a\leqslant \xi \leqslant b).$$

(7) 如果$f(x)$在对称区间$[-a, a]$上连续且为奇函数，

那么$\int_{-a}^a f(x)\,\mathrm{d}x = 0$.

如果$f(x)$在对称区间$[-a, a]$上连续且为偶函数，

那么$\int_{-a}^a f(x)\,\mathrm{d}x = 2\int_0^a f(x)\,\mathrm{d}x$.

3. 积分上限函数及其导数

(1) 定义：设函数$f(x)$在区间$[a, b]$上连续，称$\Phi(x) = \int_a^x f(t)\,\mathrm{d}t$为积分上限函数，其中$x\in[a, b]$.

(2) 积分上限函数的导数：

$$\Phi'(x) = \left(\int_a^x f(t)\,\mathrm{d}t\right)' = f(x).$$

推广1：一般地，如果函数$f(x)$连续，函数$\varphi(x)$可导，那么有

$$\frac{\mathrm{d}}{\mathrm{d}x}\int_a^{\varphi(x)} f(t)\,\mathrm{d}t = f[\varphi(x)]\varphi'(x) \qquad (a \text{ 为常数}).$$

推广2：一般地，如果函数$f(x)$连续，$u(x)$与$v(x)$均为可导函数，且复合函数$f[u(x)]$，$f[v(x)]$都存在，则有

$$\frac{\mathrm{d}}{\mathrm{d}x}\int_{u(x)}^{v(x)} f(t)\,\mathrm{d}t = f[v(x)]v'(x) - f[u(x)]u'(x).$$

4. 原函数存在定理

如果函数$f(x)$在区间$[a,b]$上连续，则函数$\Phi(x)=\int_a^x f(t)\mathrm{d}t$就是$f(x)$在区间$[a,b]$上的一个原函数.

5. 定积分的计算

(1) 牛顿—莱布尼兹公式.

如果$F(x)$是连续函数$f(x)$在$[a,b]$上的一个原函数，则

$$\int_a^b f(x) = F(b)-F(a)$$

此公式称为牛顿—莱布尼兹公式. 在利用此公式求定积分时，先用求不定积分的方法求出被积函数$f(x)$在$[a,b]$上的一个原函数$F(x)$，然后计算$F(b)-F(a)$，即可求出所要求的定积分，这样，把求定积分的问题转化为利用不定积分求被积函数的原函数的问题了.

(2) 定积分的换元积分法.

设$f(x)$是$[a,b]$上的连续函数，令$x=\varphi(t)$.

①若函数$x=\varphi(t)$在区间$[\alpha,\beta]$上是单调的并且有连续的导数$\varphi'(t)$；

②当t从α变到β时，$x=\varphi(t)$的值在$[a,b]$上变化，并且$\varphi(\alpha)=a$，$\varphi(\beta)=b$，

则定积分的换元公式：

$$\int_a^b f(x)\mathrm{d}x = \int_\alpha^\beta f[\varphi(t)]\varphi'(t)\mathrm{d}t.$$

(3) 定积分的分部积分法.

设$u=u(x)$，$v=v(x)$有连续导数，则

$$\int_a^b u\mathrm{d}v = [uv]_a^b-\int_a^b v\mathrm{d}u.$$

6. 无穷区间上的广义积分

设函数$f(x)$在相应区间上连续，定义

$$\int_a^{+\infty} f(x)\mathrm{d}x = \lim_{b\to+\infty}\int_a^b f(x)\mathrm{d}x,\ \int_{-\infty}^b f(x)\mathrm{d}x = \lim_{a\to-\infty}\int_a^b f(x)\mathrm{d}x.$$

若上述等式右端极限存在，则称左边的广义积分收敛，否则称为发散.

$$\int_{-\infty}^{+\infty} f(x)\mathrm{d}x = \int_{-\infty}^c f(x)\mathrm{d}x + \int_c^{+\infty} f(x)\mathrm{d}x \qquad (c\text{为常数})$$

当 $\int_{-\infty}^{c} f(x)\mathrm{d}x$ 和 $\int_{c}^{+\infty} f(x)\mathrm{d}x$ 同时收敛时，称广义积分 $\int_{-\infty}^{+\infty} f(x)\mathrm{d}x$ 收敛，否则称为发散.

7. **定积分的应用**

（1）由直线 $x=a$，$x=b(a<b)$ 及连续曲线 $y=f(x)$，$y=g(x)$ 所围成的平面图形的面积为

$$A=\int_{a}^{b}|f(x)-g(x)|\mathrm{d}x.$$

（2）直线 $y=c$，$y=d(c<d)$ 及连续曲线 $x=\varphi(y)$，$x=\psi(y)$ 所围成的平面图形的面积为

$$A=\int_{c}^{d}|\varphi(y)-\psi(y)|\mathrm{d}y.$$

三、典型例题解析

例 1　求下列导数.

（1）$\left[\int_{0}^{\sqrt{x}}\cos t^{2}\mathrm{d}t\right]'$；　　　　（2）$\left[\int_{x}^{0}\sin e^{t}\mathrm{d}t\right]'$.

解：（1）$\left[\int_{0}^{\sqrt{x}}\cos t^{2}\mathrm{d}t\right]'=\cos(\sqrt{x})^{2}(\sqrt{x})'=\dfrac{1}{2\sqrt{x}}\cos x.$

（2）$\left[\int_{x}^{0}\sin e^{t}\mathrm{d}t\right]'=-\left[\int_{0}^{x}\sin e^{t}\mathrm{d}t\right]'=-\sin e^{x}.$

例 2　求极限 $\lim\limits_{x\to0}\dfrac{\int_{0}^{x}\cos^{2}t\mathrm{d}t}{x}$.

解：当 $x\to0$ 时，这是一个 $\dfrac{0}{0}$ 型的未定式的极限，利用洛必达法则有

$$\lim_{x\to0}\frac{\int_{0}^{x}\cos^{2}t\mathrm{d}t}{x}=\lim_{x\to0}\frac{\left[\int_{0}^{x}\cos^{2}t\mathrm{d}t\right]'}{x'}=\lim_{x\to0}\frac{\cos^{2}x}{1}=1.$$

例 3　计算定积分 $\int_{\frac{1}{\sqrt{3}}}^{\sqrt{\frac{2}{3}}}x\sqrt{2-3x^{2}}\mathrm{d}x$.

解：$\int x\sqrt{2-3x^{2}}\mathrm{d}x=-\dfrac{1}{6}\int(2-3x^{2})^{\frac{1}{2}}\mathrm{d}(2-3x^{2})=-\dfrac{1}{9}(2-3x^{2})^{\frac{3}{2}}+C.$

所以,由 N－L 公式得

$$\int_{\frac{1}{\sqrt{3}}}^{\sqrt{\frac{2}{3}}} x\sqrt{2-3x^2}\,\mathrm{d}x = -\frac{1}{9}(2-3x^2)^{\frac{3}{2}}\Big|_{\frac{1}{\sqrt{3}}}^{\sqrt{\frac{2}{3}}} = \frac{1}{9}.$$

例4 计算定积分$\int_0^1 \frac{\mathrm{e}^x}{1+\mathrm{e}^x}\mathrm{d}x$.

解:
$$\int_0^1 \frac{\mathrm{e}^x}{1+\mathrm{e}^x}\mathrm{d}x = \int_0^1 \frac{1}{1+\mathrm{e}^x}(1+\mathrm{e}^x)'\mathrm{d}x = \int_0^1 \frac{1}{1+\mathrm{e}^x}\mathrm{d}(1+\mathrm{e}^x)$$
$$= \int_2^{1+\mathrm{e}} \frac{1}{u}\mathrm{d}u \quad (令 1+\mathrm{e}^x = u)$$
$$= \ln u \Big|_2^{1+\mathrm{e}} = \ln(1+\mathrm{e}) - \ln 2.$$

例5 求$\int_{-1}^1 |x|\mathrm{d}x$.

解:
$$\int_{-1}^1 |x|\mathrm{d}x = \int_{-1}^0 -x\mathrm{d}x + \int_0^1 x\mathrm{d}x$$
$$= -\frac{x^2}{2}\Big|_{-1}^0 + \frac{x^2}{2}\Big|_0^1 = \frac{1}{2} + \frac{1}{2} = 1.$$

例6 求下列定积分:

(1) $\int_0^1 x\arctan x\mathrm{d}x$;　　(2) $\int_0^{\ln 2} x^2\mathrm{e}^{-x}\mathrm{d}x$.

解: (1)
$$\int_0^1 x\arctan x\mathrm{d}x = \int_0^1 \arctan x\mathrm{d}\left(\frac{x^2}{2}\right)$$
$$= \left[\frac{1}{2}x^2\arctan x\right]_0^1 - \frac{1}{2}\int_0^1 \frac{x^2}{1+x^2}\mathrm{d}x$$
$$= \frac{\pi}{8} - \frac{1}{2}[x - \arctan x]_0^1$$
$$= \frac{\pi}{4} - \frac{1}{2}.$$

(2)
$$\int_0^{\ln 2} x^2\mathrm{e}^{-x}\mathrm{d}x = \int_0^{\ln 2} x^2\mathrm{d}(-\mathrm{e}^{-x})$$
$$= [-x^2\mathrm{e}^{-x}]_0^{\ln 2} + 2\int_0^{\ln 2} x\mathrm{e}^{-x}\mathrm{d}x$$
$$= -\frac{1}{2}(\ln 2)^2 + 2\int_0^{\ln 2} x\mathrm{d}(-\mathrm{e}^{-x})$$
$$= -\frac{1}{2}(\ln 2)^2 + 2[-x\mathrm{e}^{-x}]_0^{\ln 2} + 2\int_0^{\ln 2} \mathrm{e}^{-x}\mathrm{d}x$$

$$= -\frac{1}{2}(\ln 2)^2 - \ln 2 + 1.$$

例 7　计算广义积分.

(1) $\int_0^{+\infty} xe^{-2x^2}dx$;　　　(2) $\int_0^{+\infty}\frac{x}{\sqrt{1+x^2}}dx$.

解: (1) $\int_0^{+\infty} xe^{-2x^2}dx = \lim\limits_{b\to+\infty}\int_0^b xe^{-2x^2}dx$

$$= \lim_{b\to+\infty}\int_0^b\left(-\frac{1}{4}\right)(-2x^2)'e^{-2x^2}dx$$

$$= -\frac{1}{4}\lim_{b\to+\infty}\int_0^b e^{-2x^2}d(-2x^2)$$

$$= -\frac{1}{4}\lim_{b\to+\infty}e^{-2x^2}\Big|_0^b$$

$$= -\frac{1}{4}\lim_{b\to+\infty}(e^{-2b^2}-1) = \frac{1}{4}.$$

(2) $\int_0^{+\infty}\frac{x}{\sqrt{1+x^2}}dx = \lim\limits_{b\to+\infty}\int_0^b\frac{1}{2}(1+x^2)^{-\frac{1}{2}}d(1+x^2)$

$$= \lim_{b\to+\infty}\frac{1}{2}\cdot\frac{1}{-\frac{1}{2}+1}(1+x^2)^{\frac{1}{2}}\Big|_0^b$$

$$= \lim_{b\to+\infty}(\sqrt{1+b^2}-1).$$

可见, 极限不存在, 发散.

四、习题解答

习题 6.1

1. 选择题.

(1) 如果$f(x)$在$[-1, 1]$上连续, 且平均值为2, 则$\int_{-1}^1 f(x)dx =$ (C).

A. 1　　B. -1　　C. 4　　D. -4

(2) 下列积分值等于零的是 (C).

A. $\int_{-1}^1 x^2\cos x dx$　　B. $\int_{-1}^1 x\sin x dx$

C. $\int_{-1}^{1}(x+\sin x)\mathrm{d}x$　　D. $\int_{-1}^{1}(x+\mathrm{e}^{x})\mathrm{d}x$

2. 填空.

(1) 根据定积分的几何意义求下列积分的值.

① $\int_{-1}^{1}\sqrt{1-x^2}\mathrm{d}x=$ $\underline{\dfrac{\pi}{2}}$；　② $\int_{-1}^{1}x\mathrm{d}x=$ $\underline{\ 0\ }$.

(2) 不计算积分，将下列每对定积分用不等号"<"或">"连接起来.

① $\int_{0}^{1}x\mathrm{d}x$ $\underline{\ >\ }$ $\int_{0}^{1}x^2\mathrm{d}x$；　② $\int_{1}^{2}\ln x\mathrm{d}x$ $\underline{\ >\ }$ $\int_{1}^{2}(\ln x)^2\mathrm{d}x$.

3. 利用定积分估值定理估计定积分 $\int_{0}^{1}\mathrm{e}^{x}\mathrm{d}x$ 的范围.

解：因为 $0<x<1$，所以 $\int_{0}^{1}\mathrm{e}^{0}\mathrm{d}x<\int_{0}^{1}\mathrm{e}^{x}\mathrm{d}x<\int_{0}^{1}\mathrm{e}\mathrm{d}x$，

即　$1<\int_{0}^{1}\mathrm{e}^{x}\mathrm{d}x<\mathrm{e}$.

习题 6.2

1. 选择题.

(1) 下列各式不正确的是（D）.

A. $\left[\int_{a}^{x}f(x)\mathrm{d}x\right]'=f(x)$　　B. $\left[\int_{a}^{x}-f(x)\mathrm{d}x\right]'=-f(x)$

C. $\left[\int_{x}^{a}-f(x)\mathrm{d}x\right]'=f(x)$　　D. $\left[\int_{x}^{a}-f(x)\mathrm{d}x\right]'=-f(x)$

(2) 已知 $F(x)$ 是连续函数 $f(x)$ 的一个原函数，那么 $\int_{a}^{x}f(t)\mathrm{d}t=$（B）.

A. $F(t)-F(a)$　　B. $F(x)-F(a)$

C. $F(t+a)-F(2a)$　　D. $F(x+a)-F(2a)$

(3) 设函数 $y=\int_{0}^{x}(t-1)^2(t-2)\mathrm{d}t$，则 $\dfrac{\mathrm{d}y}{\mathrm{d}x}\Big|_{x=0}=$（B）.

A. 2　　B. -2　　C. 1　　D. 0

2. 求下列函数的导数.

(1) $\int_{0}^{x}\sqrt{1+t}\mathrm{d}t$；　　(2) $\int_{x}^{0}\sin^2 t\mathrm{d}t$.

解：(1) $\left(\int_{0}^{x}\sqrt{1+t}\mathrm{d}t\right)'=\sqrt{1+x}$.

(2) $\left(\int_x^0 \sin^2 t\mathrm{d}t\right)' = \left(-\int_0^x \sin^2 t\right)' = -\sin^2 x.$

3. 用牛顿—莱布尼兹公式计算下列定积分.

(1) $\int_0^2 x^3\mathrm{d}x$；　(2) $\int_0^4 \sqrt{x}\mathrm{d}x$；　(3) $\int_\pi^{2\pi} \sin x\mathrm{d}x$；　(4) $\int_2^4 \frac{1}{x}\mathrm{d}x$.

解：(1) $\int_0^2 x^3\mathrm{d}x = \frac{1}{4}x^4\Big|_0^2 = 4$.

(2) $\int_0^4 \sqrt{x}\mathrm{d}x = \frac{2}{3}x^{\frac{3}{2}}\Big|_0^4 = \frac{16}{3}$.

(3) $\int_\pi^{2\pi} \sin x\mathrm{d}x = (-\cos x)\Big|_\pi^{2\pi} = -2$.

(4) $\int_2^4 \frac{1}{x}\mathrm{d}x = \ln x\Big|_2^4 = \ln 2$.

习题 6.3

1. 求下列定积分.

(1) $\int_0^3 \mathrm{e}^{\frac{x}{3}}\mathrm{d}x$；(2) $\int_0^1 \frac{x}{x^2+1}\mathrm{d}x$；(3) $\int_0^1 2x\mathrm{e}^{x^2}\mathrm{d}x$；(4) $\int_2^4 \frac{1}{x\sqrt{x-1}}\mathrm{d}x$.

解：(1) $\int_0^3 \mathrm{e}^{\frac{x}{3}}\mathrm{d}x = 3\int_0^3 \mathrm{e}^{\frac{x}{3}}\mathrm{d}\frac{x}{3} = 3\mathrm{e}^{\frac{x}{3}}\Big|_0^3 = 3(\mathrm{e}-1)$.

(2) $\int_0^1 \frac{x}{x^2+1}\mathrm{d}x = \frac{1}{2}\int_0^1 \frac{1}{x^2+1}\mathrm{d}(x^2+1)$

$= \frac{1}{2}\ln(x^2+1)\Big|_0^1 = \frac{1}{2}\ln 2.$

(3) $\int_0^1 2x\mathrm{e}^{x^2}\mathrm{d}x = \int_0^1 \mathrm{e}^{x^2}\mathrm{d}x^2 = \mathrm{e}^{x^2}\Big|_0^1 = \mathrm{e}-1$.

(4) 令 $\sqrt{x-1}=t$，则 $x=1+t^2$，当 $x=2$ 时 $t=1$，当 $x=4$ 时 $t=\sqrt{3}$，

$$\int_2^4 \frac{1}{x\sqrt{x-1}}\mathrm{d}x = \int_1^{\sqrt{3}} \frac{1}{(t^2+1)t}\mathrm{d}(t^2+1) = 2\int_1^{\sqrt{3}} \frac{1}{1+t^2}\mathrm{d}t$$

$$= 2\arctan t\Big|_1^{\sqrt{3}} = 2(\arctan\sqrt{3} - \arctan 1) = \frac{\pi}{6}.$$

2. 求下列定积分.

(1) $\int_0^1 xe^{-x}dx$； (2) $\int_1^e \ln x dx$； (3) $\int_0^{\frac{\pi}{2}} x\sin x dx$； (4) $\int_1^e \frac{\ln x}{x^2}dx$.

解：(1) $\int_0^1 xe^{-x}dx = -\int_0^1 xde^{-x} = -xe^{-x}\Big|_0^1 - \int_0^1 e^{-x}d(-x)$

$$= -e^{-1} - e^{-x}\Big|_0^1 = 1 - \frac{2}{e}.$$

(2) $\int_1^e \ln x dx = x\ln x\Big|_1^e - \int_1^e xd\ln x = e - \int_1^e dx = e - x\Big|_1^e = 1.$

(3) $\int_0^{\frac{\pi}{2}} x\sin x dx = -\int_0^{\frac{\pi}{2}} xd\cos x = -x\cos x\Big|_0^{\frac{\pi}{2}} + \int_0^{\frac{\pi}{2}} \cos x dx$

$$= \sin x\Big|_0^{\frac{\pi}{2}} = 1.$$

(4) $\int_1^e \frac{\ln x}{x^2}dx = -\int_1^e \ln x d\frac{1}{x} = -\frac{\ln x}{x}\Big|_1^e + \int_1^e \frac{1}{x}d\ln x$

$$= -\frac{1}{e} + \int_1^e \frac{1}{x^2}dx$$

$$= -\frac{1}{e} + (-\frac{1}{x})\Big|_1^e = 1 - \frac{2}{e}.$$

习题 6.4

1. 讨论下列无穷积分的收敛性，若收敛，求其值.

(1) $\int_1^{+\infty} \frac{1}{x^4}dx$； (2) $\int_0^{+\infty} e^{-\lambda t}dt(\lambda > 0)$；

(3) $\int_{-\infty}^0 \frac{1}{1+x^2}dx$； (4) $\int_0^{+\infty} e^{-x}\sin x dx$.

解：(1) $\int_1^{+\infty} \frac{1}{x^4}dx = \lim\limits_{b\to+\infty}\int_1^b \frac{1}{x^4}dx = \lim\limits_{b\to+\infty}(-\frac{1}{3}x^{-3})\Big|_1^b$

$$= \lim_{b\to+\infty}(\frac{1}{3} - \frac{1}{3b^3}) = \frac{1}{3}.$$

(2) $\int_0^{+\infty} e^{-\lambda t}dt = -\frac{1}{\lambda}\lim\limits_{b\to+\infty}\int_0^b e^{-\lambda t}d(-\lambda t) = -\frac{1}{\lambda}\lim\limits_{b\to+\infty} e^{-\lambda t}\Big|_0^b$

$$= \lim_{b\to+\infty} -\frac{1}{\lambda}(e^{-b\lambda} - 1) = \frac{1}{\lambda}.$$

(3) $\int_{-\infty}^0 \frac{1}{1+x^2}dx = \lim\limits_{b\to-\infty}\int_b^0 \frac{1}{1+x^2}dx = \lim\limits_{b\to-\infty}\arctan\Big|_b^0 = \frac{\pi}{2}.$

(4) $\int_0^{+\infty} e^{-x}\sin x dx = -\int_0^{+\infty} e^{-x} d\cos x$

$$= -\lim_{b\to+\infty} e^{-x}\cos x \Big|_0^{+\infty} + \int_0^{+\infty} \cos x de^{-x}$$

$$= 1 - \int_0^{+\infty} e^{-x}\cos x dx$$

$$= 1 - \int_0^{+\infty} e^{-x} d\sin x$$

$$= 1 - (e^{-x}\sin x)\Big|_0^{+\infty} - \int_0^{+\infty} e^{-x}\sin x dx$$

$$= 1 - \int_0^{+\infty} e^{-x}\sin x dx.$$

即　$\int_0^{+\infty} e^{-x}\sin x dx = 1 - \int_0^{+\infty} e^{-x}\sin x dx,$

$2\int_0^{+\infty} e^{-x}\sin x dx = 1,$

$\int_0^{+\infty} e^{-x}\sin x dx = \frac{1}{2}.$

2. 讨论下列无界函数的积分的收敛性，若收敛，求其值.

(1) $\int_{-1}^{8} \frac{dx}{\sqrt[3]{x^2}}$；　(2) $\int_0^1 \frac{x}{\sqrt{1-x^2}}dx$；　(3) $\int_1^2 \frac{x}{\sqrt{x-1}}dx.$

解：(1) $\int_{-1}^{8} \frac{dx}{\sqrt[3]{x^2}} = \lim_{b\to0}\int_{-1}^{b} \frac{dx}{\sqrt[3]{x^2}} + \lim_{b\to0}\int_{b}^{8} \frac{dx}{\sqrt[3]{x^2}}$

$$= \lim_{b\to0}(3x^{\frac{1}{3}})\Big|_{-1}^{b} + \lim_{b\to0}(3x^{\frac{1}{3}})\Big|_{b}^{8} = 9.$$

(2) $\int_0^1 \frac{x}{\sqrt{1-x^2}}dx = \lim_{b\to1}[-\frac{1}{2}\int_0^b \frac{d(1-x^2)}{\sqrt{1-x^2}}]$

$$= -\lim_{b\to1}(\frac{1}{2}\cdot 2\sqrt{1-x^2})\Big|_0^b = 1.$$

(3) 令 $\sqrt{x-1}=t$，则 $x=1+t^2$，当 $x=1$ 时 $t=0$，当 $x=2$ 时 $t=1$，代入原式得

$$\int_1^2 \frac{x}{\sqrt{x-1}}dx = \int_0^1 \frac{1+t^2}{t}d(1+t^2) = 2\int_0^1 (1+t^2)dt$$

$$= 2(t + \frac{1}{3}t^3)\Big|_0^1 = \frac{8}{3}.$$

习题 6.5

1. 求由下列各曲线及直线所围成的平面图形面积.

（1）$y=x^2+3$，$x=1$ 及 x 轴、y 轴；（2）$y=x^2$ 与 $y=2-x^2$；（3）$y^2=x$ 与 $x+y=2$.

解：（1）$S=\int_0^1(x^2+3)\mathrm{d}x=(\frac{1}{3}x^3+3x)\Big|_0^1=\frac{10}{3}$.

（2）解方程组 $\begin{cases}y=x^2\\y=2-x^2\end{cases}$，得 $\begin{cases}x=-1\\y=1\end{cases}$ 或 $\begin{cases}x=1\\y=1\end{cases}$，两曲线的交点坐标为$(-1,\ 1)$和$(1,\ 1)$，

两曲线所围图形的面积为

$$S=\int_{-1}^1(2-x^2-x^2)\mathrm{d}x=2\int_{-1}^1(1-x^2)\mathrm{d}x$$

$$=2(x-\frac{1}{3}x^3)\Big|_{-1}^1=\frac{8}{3}.$$

（3）解方程组 $\begin{cases}y^2=x\\x+y=2\end{cases}$，得 $\begin{cases}x=1\\y=1\end{cases}$ 或 $\begin{cases}x=4\\y=-2\end{cases}$，两曲线的交点坐标为$(1,\ 1)$和$(4,\ -2)$，两曲线所围图形的面积为

$$S=\int_{-2}^1(2-y-y^2)\mathrm{d}y=(2y-\frac{y^2}{2}-\frac{y^3}{3})\Big|_{-2}^1=\frac{9}{2}.$$

2. 求下列平面图形绕轴所形成的旋转体的体积.

（1）求曲线 $y=\frac{1}{2}x^2$ 与 $x=1$ 及 x 轴所围成的平面图形分别绕 x 轴、y 轴旋转而成的旋转体体积.

解：绕 x 轴旋转而成的旋转体体积：$V_x=\pi\int_0^1\left[\frac{1}{2}x^2\right]^2\mathrm{d}x=\frac{\pi}{20}$.

绕 y 轴旋转而成的旋转体体积：$V_y=\pi\int_0^{\frac{1}{2}}[1-(\sqrt{2y})^2]\mathrm{d}y=\frac{\pi}{4}$.

（2）求在区间$\left[0,\ \frac{\pi}{2}\right]$上，由曲线 $y=\sin x$ 与直线 $x=\frac{\pi}{2}$，$y=0$ 所围成的平面图形绕 x 轴旋转而成的旋转体的体积.

解：绕 x 轴旋转而成的旋转体的体积：$V_x=\pi\int_0^{\frac{\pi}{2}}\sin^2x\mathrm{d}x=\frac{\pi^2}{4}$.

习题 6.6

1. 选择题.

(1) 设 C_0, q, C' 分别表示固定成本、产量、边际成本，则总成本函数表示为 (C).

A. $C = \int_0^q C'\mathrm{d}q$　　B. $C = \int_q^0 C'\mathrm{d}q + C_0$

C. $C = \int_0^q C'\mathrm{d}q + C_0$　　D. $C = \int_0^q C'\mathrm{d}q - C_0$

(2) 设 $R' = 100 - 4q$，若销售量由 10 单位减少到 5 单位，则收入 R 的改变量是 (B).

A. -550　　B. -350

C. 350　　D. 以上答案都不对

2. 解答题.

(1) 某产品边际成本为 $C'(q) = 3 + q$(万元/百台)，边际收入为 $R'(q) = 12 - q$(万元/百台)，固定成本为 5(万元)，求利润函数 $L(q)$.

解: $L(q) = \int R'(q)\mathrm{d}q - \left[\int C'(q)\mathrm{d}q + C\right]$

$$= \int (12 - q)\mathrm{d}q - \left[\int (3 + q)\mathrm{d}q + C\right] = 9q - q^2 - C.$$

因固定成本为 5(万元)，所以当 $q = 0$ 时，$L(q) = -5$，代入上式得 $C = 5$.

所以，利润函数 $L(q) = 9q - q^2 - 5$.

(2) 已知生产某种产品 q 件时总收入的变化率是 $R'(q) = 100 - \dfrac{q}{20}$ (元/件)，试求生产此种产品 1000 件时的总收入和从 1000 件到 2000 件所增加的收入及产量为 1000 件时的平均收入.

解: $R(1000) = \int_0^{1000} \left(100 - \dfrac{q}{20}\right)\mathrm{d}q = 75000$,

$$\Delta R = \int_{1000}^{2000} \left(100 - \frac{q}{20}\right)\mathrm{d}q = 25000,$$

$$\overline{R} = \frac{R}{1000} = \frac{75000}{1000} = 75.$$

(3) 已知生产某种产品的边际收入 $R'(q) = 25 - 2q$，边际成本 $C'(q) =$

$13-4q$，固定成本 $C_0=10$，求当 $q=5$ 时的毛利和纯利.

解：$R(q)=\int_0^q(25-2q)\mathrm{d}q=25q-q^2, R(5)=25\times5-5^2=100$,

$$C(q)=\int_0^q C'(q)\mathrm{d}q+C_0=\int_0^q(13-4q)\mathrm{d}q+10$$
$$=13q-2q^2+10.$$

$C(5)=13\times5-2\times5^2+10=25.$

纯利：$L(5)=R(5)-C(5)=100-25=75$,

毛利：$L(5)+C_0=75+10=85.$

第七章　多元函数微积分

一、学习要点

1. 理解二元函数的概念、二元函数的极限和连续性的概念. 了解有界闭区域上二元连续函数的性质.

2. 理解偏导数和全微分的概念. 掌握偏导数及全微分的运算，了解偏导数的几何意义.

3. 理解多元复合函数的求导法则. 熟练掌握复合函数的一阶及二阶偏导数求导方法.

4. 理解二元函数极值的概念，掌握二元函数极值的计算方法. 了解条件极值的概念. 掌握用拉格朗日乘数法求条件极值的方法. 掌握一些简单的最大值、最小值应用问题的计算.

5. 理解二重积分的概念和性质. 熟练掌握在直角坐标系下计算二重积分的方法.

二、重点、难点解析

1. 二元函数微积分的预备知识

空间解析几何基本知识：空间直角坐标系，空间两点间距离计算公式，曲面与方程.

2. 二元函数的极限与连续性

一元函数、二元函数的极限和连续性的相关概念的区别和联系：二元函数的极限与连续性的概念与一元函数类似.

（1）邻域问题：讨论一元函数 $y=f(x)$ 的极限时，点 x_0 的 δ 邻域是在数轴上满足 $|x-x_0|<\delta$ 的点组成的开区间，而在讨论二元函数 $z=f(x, y)$ 的极限时，点 (x_0, y_0) 的 δ 邻域是平面上满足 $\sqrt{(x-x_0)^2+(y-y_0)^2}<\delta$ 的

点组成的开区域.

(2) 极限定义：二元函数的极限定义中，要求点 $P(x, y)$ 以任意方式趋于点 $P_0(x_0, y_0)$ 时，函数 $f(x, y)$ 都趋向同一常数 A，因此，如果点 P 沿着两条不同的路径趋向点 P_0 时，$f(x, y)$ 分别趋向两个不同的常数，那么函数 $f(x, y)$ 当 $P(x, y) \to P_0(x_0, y_0)$ 时的极限不存在，而讨论一元函数 $f(x)$ 的极限和连续性时，x 趋于 x_0 只有两种方式：从点 x_0 的左、右两个方向沿数轴趋于 x_0.

(3) 连续性定义：

在一元函数中，对于函数 $y=f(x)$，满足 $\lim\limits_{x \to x_0} f(x) = f(x_0)$，称函数 $y=f(x)$ 在 $x=x_0$ 处连续.

而在讨论二元函数 $z=f(x, y)$ 时，满足 $\lim\limits_{\substack{x \to x_0 \\ y \to y_0}} f(x, y) = f(x_0, y_0)$，称函数 $z=f(x, y)$ 在点 $P_0(x_0, y_0)$ 处连续.

与一元函数在闭区间上许多性质一样，在有界闭区域上连续的二元函数亦有最大值、最小值定理和介值定理等.

3. 偏导数

(1) 求偏导数的方法.

由偏导数的定义可知，要求多元函数对一个自变量的偏导数，只需将其余的自变量看作常数，再用一元函数求导就可以了，求高阶偏导数也类似. 这种求导方法可以推广应用到多于两个变量的函数的情形.

(2) 记号 $\frac{\mathrm{d}y}{\mathrm{d}x}$ 与 $\frac{\partial y}{\partial x}$ 的区别.

在一元函数中，$\frac{\mathrm{d}y}{\mathrm{d}x}$ 表示函数 y 对自变量 x 的导数，但同时也表示函数 y 的微分 $\mathrm{d}y$ 与自变量 x 的微分 $\mathrm{d}x$ 之商. 多元函数微分中，$\frac{\partial y}{\partial x}$ 只是一个记号，即函数 y 对自变量 x 的偏导数，而不是理解为偏微商.

(3) 混合偏导数 $\frac{\partial^2 z}{\partial y \partial x}$ 及 $\frac{\partial^2 z}{\partial x \partial y}$ 是否相等的问题.

如果函数 $z=f(x, y)$ 的两个二阶混合偏导数 $\frac{\partial^2 z}{\partial y \partial x}$ 及 $\frac{\partial^2 z}{\partial x \partial y}$ 存在并在区域 D 内连续，那么它们必然相等.

(4) 记号$\left(\frac{\partial z}{\partial x}\right)^2$与$\frac{\partial^2 z}{\partial x^2}$的区别.

$\left(\frac{\partial z}{\partial x}\right)^2$与$\frac{\partial^2 z}{\partial x^2}$是不同的. $\left(\frac{\partial z}{\partial x}\right)^2$表示函数 z 对 x 的偏导数的平方，而$\frac{\partial^2 z}{\partial x^2}$表示函数 z 对 x 的二阶偏导数.

4. 隐函数的微分法

利用隐函数的微分法时，对于方程 $F(x, y)=0$，两边同时对 x 求导得 $\frac{\partial F}{\partial x}+\frac{\partial F}{\partial y}\cdot\frac{\mathrm{d}y}{\mathrm{d}x}=0$，于是，当$\frac{\partial F}{\partial y}\neq 0$ 时，便得到公式

$$\frac{\mathrm{d}y}{\mathrm{d}x}=-\frac{\frac{\partial F}{\partial x}}{\frac{\partial F}{\partial y}}=-\frac{F_x}{F_y}.$$

对于方程 $F(x, y, z)=0$，两边分别同时对 x 或 y 求导得

$$\frac{\partial F}{\partial x}+\frac{\partial F}{\partial z}\cdot\frac{\partial z}{\partial x}=0,\ \frac{\partial F}{\partial y}+\frac{\partial F}{\partial z}\cdot\frac{\partial z}{\partial y}=0,$$

得到公式

$$\frac{\partial z}{\partial x}=-\frac{F_x}{F_z},\ \frac{\partial z}{\partial y}=-\frac{F_y}{F_z}.$$

5. 二元函数的极值

(1) 二元函数驻点和极值点的关系.

对可微的二元函数 $z=f(x, y)$ 来说，驻点是指满足$\begin{cases}f_x(x, y)=0\\f_y(x, y)=0\end{cases}$的点，驻点不一定是极值点，但极值点一定是驻点，因此求极值点就只需从驻点中寻找.

(2) 求二元函数 $z=f(x, y)$ 的极值.

1) 求驻点：解方程组$\begin{cases}f_x(x_0, y_0)=0\\f_y(x_0, y_0)=0\end{cases}$;

2) 利用极值的充分条件判断驻点是否为极值点.

(3) 求最值的一般方法.

与求一元函数最值的方法类似，将函数 $z=f(x, y)$ 在区域 D 边界上的最大值和最小值进行比较，其中最大的就是最大值，最小的就是最小值. 通常在实际问题中，如果所求问题在区域 D 内只有唯一的驻点，那么函数

在该点的函数值就是函数 $z=f(x, y)$ 在区域 D 上的最大值(最小值).

(4) 条件极值的求法.

对于条件极值，如果能从约束条件解出某个自变量代入原来的函数中，就可以把条件极值转化为无条件极值. 此外，还有一种方法——拉格朗日乘数法.

设函数 $z=f(x, y)$ 满足约束条件 $\varphi(x, y)=0$，求解步骤如下：

1) 构造辅助函数：

$$F(x, y)=f(x, y)+\lambda\varphi(x, y),$$

称其为拉格朗日函数，λ 称为拉格朗日常数.

2) 解联立方程组：

$$\begin{cases} F_x(x, y)=f_x(x, y)+\lambda\varphi_x(x, y)=0 \\ F_y(x, y)=f_y(x, y)+\lambda\varphi_y(x, y)=0 \\ \varphi(x, y)=0 \end{cases}$$

从中消去 λ，解出 x, y，点 (x, y) 即是可能的极值点.

6. 二重积分的概念和计算

二重积分是和式极限

$$\iint_D f(x,y)\,\mathrm{d}\sigma = \lim_{\lambda\to 0}\sum_{i=1}^{n} f(\xi_i,\eta_i)\Delta\sigma_i$$

二重积分 $\iint_D f(x,y)\,\mathrm{d}\sigma$ 的几何意义表示区域 D 为底，以沿着区域 D 的边界且平行于 Oz 轴的所有直线组成的曲面为侧面，以曲线 $z=f(x, y)$ 为顶的曲顶柱体的体积.

计算二重积分需要化为二次积分进行计算，计算二次积分要以确定定积分的上、下限为关键.

在直角坐标系下：

(1) 如果积分区域 D 可以表示为

$$\begin{cases} a\leqslant x\leqslant b \\ y_1(x)\leqslant y\leqslant y_2(x) \end{cases}$$

则
$$\iint_D f(x,y)\,\mathrm{d}\sigma = \int_a^b \mathrm{d}x\int_{y_1(x)}^{y_2(x)} f(x,y)\,\mathrm{d}y.$$

(2) 如果积分区域 D 可以表示为

$$\begin{cases} c\leqslant y\leqslant d \\ x_1(y)\leqslant x\leqslant x_2(y) \end{cases}$$

则
$$\iint_D f(x,y)\,\mathrm{d}\sigma = \int_c^d \mathrm{d}y\int_{x_1(y)}^{x_2(y)} f(x,y)\,\mathrm{d}x.$$

三、典型例题解析

例 1　讨论函数 $f(x,\ y)=\dfrac{\sqrt{xy+1}-1}{xy}$，当 $(x,\ y)\to(0,\ 0)$ 时的极限.

解：
$$\lim f(x,\ y)=\lim_{(x,y)\to(0,0)}\frac{\sqrt{xy+1}-1}{xy}=\lim_{(x,y)\to(0,0)}\frac{xy+1-1}{xy(\sqrt{xy+1}+1)}$$
$$=\lim_{(x,y)\to(0,0)}\frac{1}{\sqrt{xy+1}+1}=\frac{1}{2}.$$

例 2　已知：$z=\sin^2(ax+by)$，求 $\dfrac{\partial z}{\partial x}$，$\dfrac{\partial z}{\partial y}$，$\dfrac{\partial^2 z}{\partial x^2}$.

解：
$$\frac{\partial z}{\partial x}=2a\sin(ax+by)\cdot\cos(ax+by)=a\sin2(ax+by);$$
$$\frac{\partial z}{\partial y}=2b\sin(ax+by)\cdot\cos(ax+by)=b\sin2(ax+by);$$
$$\frac{\partial^2 z}{\partial x^2}=2a^2\cos2(ax+by).$$

例 3　求函数 $z=x^2+xy+y^2$ 的全微分.

解：$f_x(x,\ y)=2x+y$，$f_y(x,\ y)=x+2y$，

则有　$\mathrm{d}z=f_x(x,\ y)\mathrm{d}x+f_y(x,\ y)\mathrm{d}y=(2x+y)\mathrm{d}x+(x+2y)\mathrm{d}y.$

例 4　求函数 $z=\ln(1+x^2+y^2)$ 在点 $(1,\ 2)$ 的全微分.

解：$f_x(x,\ y)=\dfrac{2x}{1+x^2+y^2}$，$f_y(x,\ y)=\dfrac{2y}{1+x^2+y^2}$，

则有　$f_x(1,\ 2)=\dfrac{1}{3}$，$f_y(1,\ 2)=\dfrac{2}{3}$，
$$\mathrm{d}z=\frac{1}{3}\mathrm{d}x+\frac{2}{3}\mathrm{d}y.$$

例 5　已知 $\mathrm{e}^z-xyz=0$，求 $\dfrac{\partial^2 z}{\partial x^2}$，$\dfrac{\partial^2 z}{\partial y^2}$.

解：令 $F(x,\ y,\ z)=\mathrm{e}^z-xyz$，则

$F_x=-yz$，$F_y=-xz$，$F_z=\mathrm{e}^z-xy$.

于是

$$\frac{\partial z}{\partial x}=-\frac{F_x}{F_z}=-\frac{-yz}{e^z-xy}=\frac{yz}{xyz-xy}=\frac{1}{x}\cdot\frac{z}{z-1},$$

故 $$\frac{\partial^2 z}{\partial x^2}=-\frac{1}{x^2}\cdot\frac{z}{z-1}-\frac{1}{x}\cdot\frac{1}{(z-1)^2}\cdot\frac{\partial z}{\partial x}=-\frac{z(z^2-2z+2)}{x^2(z-1)^3}.$$

由于 x，y 在方程 $e^z-xyz=0$ 中具有对称性，故

$$\frac{\partial^2 z}{\partial y^2}=-\frac{z(z^2-2z+2)}{y^2(z-1)^3}.$$

例 6 求函数 $f(x, y)=4(x-y)-x^2-y^2$ 的极值.

解：解方程组

$$\begin{cases}f_x(x, y)=4-2x=0\\ f_y(x, y)=-4-2y=0\end{cases},$$

得到驻点为 $(2, -2)$. 由于 $f_{xx}=-2$，$f_{xy}=0$ 和 $f_{yy}=-2$，由此可得 $A=C=-2$，$B=0$，$B^2-AC=-4<0$，又因为 $A<0$，所以 $(2, -2)$ 为极大值点，函数的极大值为 $f(2, -2)=8$.

例 7 两个工厂生产同一种产品，月产量分别为 x，y（单位：万件），甲厂的月生产成本 $C_1=x^2-x+5$（单位：万元），乙厂的月生产成本 $C_2=y^2+2y+3$（单位：万元），若要求该产品每月总产量为 8 万件，并使总成本最小，求每个厂的最优产量和相应的最小成本.

解：总成本函数为 $C(x, y)=x^2+y^2-x+2y+8$，

约束条件为 $x+y=8$，

设 $$L(x, y)=x^2+y^2-x+2y+8+\lambda(x+y-8),$$

得 $$\begin{cases}L_x=2x-1+\lambda=0\\ L_y=2y+2+\lambda=0\\ L_\lambda=x+y-8=0\end{cases}，解得\begin{cases}x_0=\dfrac{19}{4}\\ y_0=\dfrac{13}{4}\end{cases},$$

故甲、乙两个厂的最优产量分别为 $\frac{19}{4}$ 万件和 $\frac{13}{4}$ 万件，而最小成本为

$$C=C_1+C_2=22\frac{13}{16}+20\frac{1}{16}=42\frac{7}{8}(万元).$$

例 8 计算二重积分 $\iint\limits_D\frac{\sin x}{x}dxdy$，其中 D 是由直线 $y=x$ 和抛物线 $y=x^2$ 所围成的区域（如图 7-1 所示）.

解：若先对 x，后对 y 积分，

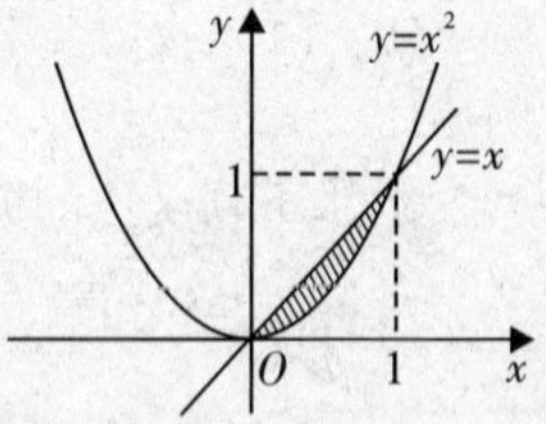

图 7－1

则 $\iint\limits_D \frac{\sin x}{x}\mathrm{d}x\mathrm{d}y = \int_0^1 \mathrm{d}y\int_y^{\sqrt{y}} \frac{\sin x}{x}\mathrm{d}x.$

因为$\frac{\sin x}{x}$的原函数不是初等函数，故求不出结果.

可改变积分顺序，先对 y，后对 x 积分：

$$\iint\limits_D \frac{\sin x}{x}\mathrm{d}x\mathrm{d}y = \int_0^1 \mathrm{d}x\int_{x^2}^{x} \frac{\sin x}{x}\mathrm{d}y$$
$$= \int_0^1 \frac{\sin x}{x}(x - x^2)\mathrm{d}x$$
$$= \int_0^1 (\sin x - x\sin x)\mathrm{d}x = 1 - \sin 1.$$

这说明选择积分顺序至关重要，因此，当在一种积分顺序下计算积分较繁或无法积分时，可以考虑更换积分的顺序.

四、习题解答

习题 7.1

1. 在空间直角坐标系下，指出下列各点在哪个卦限.

$A(1,\ -2,\ 3)$，$B(2,\ 3,\ -4)$，$C(2,\ -3,\ -4)$，$D(-2,\ -3,\ 1)$.

解：A：Ⅳ；　B：Ⅴ；　C：Ⅷ；　D：Ⅲ.

2. 求 $M_1(0,\ 1,\ 3)$和 $M_2(2,\ 3,\ 2)$两点间的距离.

解：$|M_1M_2| = \sqrt{(0-2)^2+(1-3)^2+(3-2)^2} = 3$.

3. 写出以点 $C(1,\ 3,\ -2)$为球心并且通过坐标原点的球面方程.

解：球面方程为$(x-1)^2+(y-3)^2+(z+2)^2=14$.

4. 设$f(x,\ y)=\frac{x^2-y^2}{2xy}$，求$f(1,\ 1)$，$f(\frac{1}{x},\ \frac{1}{y})$.

解：$f(1,\ 1)=\frac{1^2-1^2}{2\times1\times1}=0$，$f(\frac{1}{x},\ \frac{1}{y})=\frac{\frac{1}{x^2}-\frac{1}{y^2}}{2\frac{1}{x}\cdot\frac{1}{y}}=\frac{y^2-x^2}{2xy}$.

5. 求下列函数定义域，并画出定义域的图形.

(1) $z=\sqrt{1-x^2}+\sqrt{1-y^2}$；　　　(2) $z=\ln(xy)$.

解：（1）$|x|\leqslant 1$ 且 $|y|\leqslant 1$；图略.（2）$x>0$ 且 $y>0$ 和 $x<0$ 且 $y<0$；图略.

6. 求下列函数的极限.

（1）$\lim\limits_{\substack{x\to 0\\ y\to 0}}\dfrac{\sin(xy)}{x}$；（2）$\lim\limits_{\substack{x\to 0\\ y\to 0}}\dfrac{2-\sqrt{xy+4}}{xy}$.

解：（1）$\lim\limits_{\substack{x\to 0\\ y\to 0}}\dfrac{\sin(xy)}{x}=\lim\limits_{\substack{x\to 0\\ y\to 0}}y\dfrac{\sin(xy)}{xy}=0$.

（2）$\lim\limits_{\substack{x\to 0\\ y\to 0}}\dfrac{2-\sqrt{xy+4}}{xy}=\lim\limits_{\substack{x\to 0\\ y\to 0}}\dfrac{(2-\sqrt{xy+4})(2+\sqrt{xy+4})}{xy(2+\sqrt{xy+4})}=-\dfrac{1}{4}$.

7. 讨论下列函数在何处间断.

（1）$z=\dfrac{y^2+x}{y^2-2x}$；（2）$z=\sin\dfrac{1}{xy}$.

解：（1）显然，曲线 $y^2-2x=0$ 上所有点都间断.

（2）显然，$x\neq 0$，$y\neq 0$，所以 x 轴，y 轴上所有的点都间断.

习题 7.2

1. 求下列函数的一阶偏导数.

（1）$z=x^2y-xy^2$；（2）$z=x^2-\dfrac{x}{y^2}$；

（3）$z=\sqrt{\ln(xy)}$；（4）$z=\sin x^2y-\sqrt[3]{x+y}$.

解：（1）$\dfrac{\partial z}{\partial x}=2xy-y^2$，$\dfrac{\partial z}{\partial y}=x^2-2xy$；

（2）$\dfrac{\partial z}{\partial x}=2x-\dfrac{1}{y^2}$，$\dfrac{\partial z}{\partial y}=\dfrac{2x}{y^3}$；

（3）$\dfrac{\partial z}{\partial x}=\dfrac{1}{2x\sqrt{\ln(xy)}}$，$\dfrac{\partial z}{\partial y}=\dfrac{1}{2y\sqrt{\ln(xy)}}$；

（4）$\dfrac{\partial z}{\partial x}=2xy\cos x^2y-\dfrac{1}{3\sqrt[3]{(x+y)^2}}$，$\dfrac{\partial z}{\partial y}=x^2\cos x^2y-\dfrac{1}{3\sqrt[3]{(x+y)^2}}$.

2. 求 $z=x^2+5xy+y^2$ 在点$(0,1)$处的偏导数.

解：$\dfrac{\partial z}{\partial x}=2x+5y$，$\left.\dfrac{\partial z}{\partial x}\right|_{(0,1)}=2\times 0+5\times 1=5$.

$\dfrac{\partial z}{\partial y}=5x+2y$，$\left.\dfrac{\partial z}{\partial y}\right|_{(0,1)}=5\times 0+2\times 1=2$.

3. 求下列各函数的二阶偏导数.

(1) $z=\sin^2(ax+by)$; (2) $z=\arctan\dfrac{x+y}{1-xy}$.

解: (1) $\dfrac{\partial z}{\partial x}=2a\sin(ax+by)\cos(ax+by)=a\sin2(ax+by)$,

$\dfrac{\partial^2 z}{\partial x^2}=2a^2\cos2(ax+by)$,

$\dfrac{\partial z}{\partial y}=b\sin2(ax+by)$, $\dfrac{\partial^2 z}{\partial y^2}=2b^2\cos2(ax+by)$,

$\dfrac{\partial^2 z}{\partial x\partial y}=\dfrac{\partial^2 z}{\partial y\partial x}=2ab\cos2(ax+by)$.

(2) $\dfrac{\partial z}{\partial x}=\dfrac{1}{1+x^2}$, $\dfrac{\partial^2 z}{\partial x^2}=-\dfrac{2x}{(1+x^2)^2}$, $\dfrac{\partial^2 z}{\partial x\partial y}=\dfrac{\partial^2 z}{\partial y\partial x}=0$, $\dfrac{\partial z}{\partial y}=\dfrac{1}{1+y^2}$,

$\dfrac{\partial^2 z}{\partial y^2}=-\dfrac{2y}{(1+y^2)^2}$.

4. 求下列函数的全微分.

(1) $z=e^{x^2y}$; (2) $z=\operatorname{arccot}\dfrac{y}{x}$;

(3) $z=(1+xy)^y$; (4) $z=e^x+\sin\dfrac{y}{2}$.

解: (1) $dz=xe^{x^2y}(2ydx+xdy)$; (2) $dz=\dfrac{1}{x^2+y^2}(ydx-xdy)$;

(3) $dz=y^2(1+xy)^{y-1}dx+(1+xy)^y\left[\ln(1+xy)+\dfrac{xy}{1+xy}\right]dy$

(4) $dz=e^xdx+\dfrac{1}{2}\cos\dfrac{y}{2}dy$.

5. 求二元函数 $z=e^{x^2+y^2}$ 在点(1，1)处的全微分.

解: 因为 $dz=2e^{x^2+y^2}(xdx+ydy)$,

所以 $dz\Big|_{(1,1)}=2e^2(dx+dy)$.

习题 7.3

1. 设 $z=e^u\sin v$，$u=xy$，$v=x+y$，求$\dfrac{\partial z}{\partial x}$，$\dfrac{\partial z}{\partial y}$.

解：$\frac{\partial z}{\partial x}=\frac{\partial z}{\partial u}\cdot\frac{\partial u}{\partial x}+\frac{\partial z}{\partial v}\cdot\frac{\partial v}{\partial x}=e^{u}\sin v\cdot y+e^{u}\cos v$

$=e^{xy}[y\sin(x+y)+\cos(x+y)]$,

$\frac{\partial z}{\partial y}=\frac{\partial z}{\partial u}\cdot\frac{\partial u}{\partial y}+\frac{\partial z}{\partial v}\cdot\frac{\partial v}{\partial y}=xe^{u}\sin v+e^{u}\cos v$

$=xe^{xy}\sin(x+y)+e^{xy}\cos(x+y)$.

2. 设 $z=e^{u-2v}$，$u=\sin x$，$v=x^3$，求全导数$\frac{dz}{dx}$.

解：$\frac{dz}{dx}=\frac{\partial z}{\partial u}\cdot\frac{du}{dx}+\frac{\partial z}{\partial v}\cdot\frac{dv}{dx}=e^{u-2v}\cos x+e^{u-2v}(-2)\cdot 3x^2$

$=e^{\sin x-2x^3}(\cos x-6x^2)$.

3. 设 $x^2+z^2=2ye^z$，求$\frac{\partial z}{\partial x}$，$\frac{\partial z}{\partial y}$.

解：令 $F(x,y,z)=x^2+z^2-2ye^z$

$F_x=2x$，$F_y=-2e^z$，$F_z=2z-2ye^z$，

$\frac{\partial z}{\partial x}=-\frac{F_x}{F_z}=-\frac{2x}{2z-2ye^z}=-\frac{x}{z-ye^z}$.

同理 $\frac{\partial z}{\partial y}=\frac{e^z}{z-ye^z}$.

4. 设 $x+2y+z-2\sqrt{xyz}=0$，求$\frac{\partial z}{\partial x}$，$\frac{\partial z}{\partial y}$.

解：令 $F(x,y,z)=x+2y+z-2\sqrt{xyz}$，

$F_x=1-\sqrt{\frac{yz}{x}}$，$F_y=2-\sqrt{\frac{xz}{y}}$，$F_z=1-\sqrt{\frac{xy}{z}}$，

$\frac{\partial z}{\partial x}=-\frac{F_x}{F_z}=\frac{yz-\sqrt{xyz}}{\sqrt{xyz}-xy}$.

同理 $\frac{\partial z}{\partial y}=\frac{xz-2\sqrt{xyz}}{\sqrt{xyz}-xy}$.

习题 7.4

1. 求函数$f(x,y)=4(x-y)-x^2-y^2$ 的极值点及极值.

解：$f_x=4-2x$，$f_{xx}=-2$，$f_{xy}=0$，$f_y=-4-2y$，$f_{yy}=-2$，

解方程组$\begin{cases}4-2x=0\\-4-2y=0\end{cases}$，得$\begin{cases}x=2\\y=-2\end{cases}$，

$A=f_{xx}(2,\ -2)=-2$，$B=f_{xy}(2,\ -2)=0$，$C=f_{zz}(2,\ -2)=-2$，

$B^2-AC=0-(-2)^2=-4<0$，又 $A=-2<0$，原函数在点$(2,\ -2)$处取得极大值.

极大值：$f(2,\ -2)=4[2-(-2)]-2^2-(-2)^2=8$.

2. 求函数 $z=f(x,\ y)=(x^2+y^2-2x)^2$ 在圆域 $x^2+y^2\leqslant 2x$ 上的最大值和最小值.

解：$f_x=2(2x-2)(x^2+y^2-2x)$，$f_y=4y(x^2+y^2-2x)$，

解方程组$\begin{cases}2(2x-2)(x^2+y^2-2x)=0\\4y(x^2+y^2-2x)=0\end{cases}$，解得驻点$(1,\ 0)$，$(1,\ 1)$，$(1,\ -1)$，$(0,\ 0)$，$(2,\ 0)$.

将各点坐标分别代入原函数得

$f(1,\ 0)=1$，$f(1,\ \pm1)=f(0,\ 0)=f(2,\ 0)=0$，

又在边界 $y^2=2x-x^2$，$f(x,\ y)=(x^2+2x-x^2-2x)^2=0$.

比较上述各值得最小值为 0，最大值为 1.

3. 某单位同时销售煤气和电力，并且它自己也以煤气和电力为能源，设煤气的销售量为 x（单位：万立方米），电力的销售量为 y（单位：千瓦），每月总成本为 C（单位：万元），总成本函数为

$$C(x,\ y)=\frac{1}{2}x^2+\frac{3}{4}y^2-7xy+134x+12y+250$$

其中 x，y 满足条件 $y+4x-36=0$，试求其最低总成本.

解：设 $F(x,\ y)=\frac{1}{2}x^2+\frac{3}{4}y^2-7xy+134x+12y+250+\lambda(y+4x-36)$

解方程组 $\begin{cases}F_x=x-7y+134+4\lambda=0\\F_y=1.5y-7x+12+\lambda=0\\y+4x-36=0\end{cases}$

消去 λ，解得 $x=4.716$，$y=17.136$，即可得唯一驻点$(4.716,\ 17.136)$，依题意可知，$C(x,\ y)$存在最小值，故所求的最低总成本应为 $C(4.716,\ 17.136)=753.235$(万元).

习题 7.5

1. 选择题.

(1) 设二重积分的积分区域 D 是 $\{(x, y) \mid 1 \leqslant x^2 + y^2 \leqslant 4\}$，则 $\iint\limits_D \mathrm{d}x\mathrm{d}y$ = (C).

A. π　　B. 4π　　C. 3π

D. 15π

(2) 设二重积分的积分区域 D 是由 $|x| = \frac{1}{2}$，$|y| = \frac{1}{2}$ 所围成的，则 $\iint\limits_D xy\mathrm{d}x\mathrm{d}y$ = (A).

A. 0　　B. $\frac{1}{4}$　　C. $\frac{1}{2}$

D. 1

2. 计算二重积分.

(1) $\iint\limits_D xy\mathrm{d}\sigma$，$D$ 是由 $y = x^2$ 与 $y^2 = x$ 所围成的区域.

解： 解方程组 $\begin{cases} y = x^2 \\ y^2 = x \end{cases}$，得 $\begin{cases} x = 0 \\ y = 0 \end{cases}$ 或 $\begin{cases} x = 1 \\ y = 1 \end{cases}$，

$$\iint\limits_D xy\mathrm{d}\sigma = \int_0^1 \mathrm{d}x \int_{x^2}^{\sqrt{x}} xy\mathrm{d}y = \frac{1}{12}.$$

(2) $\iint\limits_D \frac{\sin x}{x}\mathrm{d}x\mathrm{d}y$，$D$ 是由 $y = x$，$y = \frac{x}{2}$ 和 $x = 2$ 所围成的区域.

解： $\iint\limits_D \frac{\sin x}{x}\mathrm{d}x\mathrm{d}y = \int_0^2 \mathrm{d}x \int_{\frac{1}{2}x}^{x} \frac{\sin x}{x}\mathrm{d}y = \frac{1}{2} - \frac{1}{2}\cos 2.$

(3) $\iint\limits_D x\ln y\mathrm{d}x\mathrm{d}y$，$D$ 是由曲线 $0 \leqslant x \leqslant 4$ 和 $1 \leqslant y \leqslant \mathrm{e}$ 所围成的区域.

解： $\iint\limits_D x\ln y\mathrm{d}x\mathrm{d}y = \int_1^{\mathrm{e}} \mathrm{d}y \int_0^4 x\ln y\mathrm{d}x = 8.$

第八章　概率论

一、学习要点

1. 理解概率定义，了解随机变量、古典概型的概念.

2. 了解并掌握概率的加法公式、乘法公式、全概公式和逆概公式的应用.

3. 理解分布函数与正态分布的概念.

4. 了解随机变量函数的分布及随机变量的数字特征.

5. 了解二项分布及中心极限定理.

二、重点、难点解析

1. 随机事件概念

随机事件指的是“确定事件”与“事件”的非确定的关系，如从一批产品中取出若干产品的试验，“确定事件”是：只要这批产品中有次品，从中取出产品，要求是任意抽取(不是看准某些产品抽取)，就有可能出现“没有次品”“一个次品”或“多个次品”中的任意一种结果，那么“确定事件”就有可能发生，也有可能不发生. 这里特别强调一下对立事件的概念.

事件 A 发生，对立事件是“A 不发生”，记为$\overline{A}$.

例如：$A=${从一批产品中任取 3 件产品，其中至少有一件是次品}，

那么 A 的对立事件是

$\overline{A}=${从一批产品中任取 3 件产品，其中没有次品}

$=${从一批产品中任取 3 件产品，其中全是正品}.

而事件“其中至多有一件是次品”，“其中至多有一件是正品”，“其中至少有一件是正品”作为事件 A 的对立事件都是不对的. 又如：

$$A=\{方向朝东\}.$$

把事件 A 的对立事件说成“方向朝西”“方向朝南”“方向朝北”都是不

对的，而 A 的对立事件为

$$\overline{A}=\{方向非东\}.$$

2. **概率概念**

概率是事件在随机试验中发生的可能性大小的数值度量，事件在试验中可能发生也可能不发生，是随机性的表现；事件在试验中发生的可能性大小是客观的，与试验本身无关，实践表明，事件在试验中发生的可能性大小是可以用数值来度量的，在数学上就是用概率这个概念来度量事件在试验中发生的可能性的大小，常用 $P(A)$ 表示事件 A 发生的概率，即事件 A 发生的可能性的大小.

(1) 概率的统计(频率)定义.

一个试验在相同的条件下进行 n 次，事件 A 发生了 n_A 次(事件 A 出现的频数)，那么事件 A 发生的频率为 $\frac{n_A}{n}$，当这种试验的重复次数 n 越来越大时，频数 n_A 也会越来越大，但是频率 $\frac{n_A}{n}$ 会越来越稳定在一个数值 p 的附近，把数值 p 叫作事件 A 的概率.

频率与概率不同，频率带有随机性、波动性，而概率具有稳定性、确定性，但是又常常用频率作为概率的近似值.

(2) 概率的古典定义.

古典概型的概率是基于：①试验的结果是有限个，如 n 个；②每个结果发生的可能性是相等的. 如果 n 个结果中有 k 个导致事件 A 发生，那么事件 A 的概率为

$$P(A)=\frac{k}{n}.$$

(3) 条件概率.

条件概率是一个重要而较难理解的概念，在同一试验条件下，对两个事件 A 与 B，在讨论事件 B 出现的情况下，事件 A 出现的概率，就是 A 关于 B 的条件概率，记为 $P(A|B)$.

若以古典概型为例：

则 $P(A)=\frac{A\text{ 包含的样本点数}}{\text{样本空间的样本点数}}$,

$$P(A|B)=\frac{AB\text{ 包含的样本点数}}{B\text{ 包含的样本点数}}.$$

条件概率仍然是事件的概率，它仍然具有概率的性质：

$$0 \leqslant P(A|B) \leqslant 1$$

若 A_1，A_2 互不相容，则仍有 $P((A_1+A_2)|B)=P(A_1|B)+P(A_2|B)$.

特别地，$P(A|B)=1-P(\overline{A}|B)$.

3. 概率的计算方法

(1) 以频率计算概率.

在日常生活和统计中常用频率作为概率的近似值，例如扔硬币. 出现正面的概率为0.5，0.5就是多次扔硬币统计出来的频率，我们把0.5作为扔硬币出现正面的概率的近似值.

(2) 用概率的性质和公式计算概率.

当事件较为复杂时，分析事件的关系和运算，利用概率的性质、概率公式(加法公式和乘法公式)或条件概率、独立性等计算概率.

注意两个互斥事件和的概率

$$P(A+B)=P(A)+P(B) \qquad (AB=\varnothing)$$

与两个任意事件和的概率

$$P(A+B)=P(A)+P(B)-P(AB)$$

是不同的.

在用乘法公式时，注意一般的乘法公式

$$P(AB)=P(A|B)P(B)=P(B|A)P(A)$$

和独立事件的乘法公式

$$P(AB)=P(A)P(B) \qquad (\text{事件 } A,\ B \text{ 独立})$$

是不同的.

(3) 用古典概型计算概率.

若事件 A 属于古典概型，用在公式上则有

$$P(A)=\frac{\text{导致 } A \text{ 出现的结果数}}{\text{可能结果总数}}=\frac{k}{n}$$

注意以下三点：

①计算总共有多少可能事件；

②这些事件的概率是不是相等；

③导致事件 A 发生的事件有多少.

4. 关于独立性、对立事件与互斥性

事件的独立性与对立事件是两个不同的概念，事件的独立性是对两个

任意事件而言的，而事件的对立是对一个事件而言的.

两个事件 A，B 相互独立的充分必要条件是

$$P(AB)=P(A)P(B)\text{或}P(A\mid B)=\frac{P(A)P(B)}{P(B)}=P(A)$$

从后式可以看出，两个事件相互独立就是事件 B 的发生与否不影响事件 A 的发生. 同样地，$P(B|A)=P(B)$，即事件 A 的发生与否不影响事件 B 的发生.

任意一个事件 A，必有事件 $\overline{A}$，事件 A 与 $\overline{A}$ 是对立事件，事件 A 与 B 是对立事件必须满足：$A+B=U$，$AB=\varnothing$，记为 $B=\overline{A}$，A 与 $\overline{A}$ 不可能独立，因为 A 发生，$\overline{A}$ 必定不发生.

对立事件之和的概率公式

$$P(A)+P(\overline{A})=1\quad\text{或}\ P(\overline{A})=1-P(A)$$

事件 A 与 B 互斥，即 $AB=\varnothing$，显然 $P(AB)=0$.

两个互斥事件之和若是必然事件，即 $A+B=U$，则构成对立事件.

一般情况下，两个独立事件必定不是互斥事件，如事件 A 与 B 是独立事件，有 $P(AB)=P(A)P(B)$，只要 $P(A)\neq0$，$P(B)\neq0$，就有 $P(AB)\neq0$，A、B 不会互斥.

总之，独立事件不能是对立事件，一般情况下必定不是互斥事件；对立事件是互斥事件，不能是独立事件；互斥事件一般不是对立事件，且一定不是独立事件.

5. 关于随机变量

随机变量是一个对应关系，它把试验的每一个可能结果和一个实数对应起来，把每一个事件转化为实数轴上的点，简单地说，就是事件的数量化.

随机事件与微积分研究的函数不同，它有以下特征：

(1) 随机变量的取值视随机试验结果而定，因此它的取值是随机的，不能事先确定，但是可以知道它所有可能的取值；

(2) 取值依赖试验结果，而试验结果的出现具有概率确定性，因而，随机变量的取值也是具有概率确定性的.

随机变量的取值大致有两类：一类是显然与数量相关联的，如分秒、小时、试验的次数等；另一类是与数量似乎无甚关联的，如打靶的“中”与“不中”，掷硬币出现的“正面”与“反面”等.

数量指标分为三类：

(1) 连续型指标，如时间、长度、产量等，它的取值无法一一列出，这一类指标用连续型随机变量表达.

(2) 计数型指标，如个数、次数等，这一类指标用离散型随机变量表达.

(3) 名义型指标，本来不表现为数量的现象，人为地使它与数量建立起某种联系，如记电源开关的开为“1”，关为“0”；试验成功的为“1”，不成功的为“0”；摸球时，记“红球为1”“黄球为2”“白球为3”等，人为地把它数量化，是一种名义型指标，这一类指标用离散型随机变量表达.

6. 关于正态分布

若随机变量 X 的概率密度函数为

$$f(x)=\frac{1}{\sigma\sqrt{2\pi}}e^{-\frac{1}{2\sigma^2}(x-\mu)^2}\ (-\infty<x<+\infty)$$

那么 X 服从正态分布，即 $X\sim N(\mu,\ \sigma^2)$，其中 $E(X)=\mu$，$D(X)=\sigma^2$.

当 $\mu=0$，$\sigma=1$ 时，随机变量 X 服从标准正态分布，其概率密度函数为

$$\varphi(x)=\frac{1}{\sqrt{2\pi}}e^{-\frac{x^2}{2}}\qquad(-\infty<x<+\infty)$$

分布函数为

$$\Phi(x)=\int_{-\infty}^{x}\frac{1}{\sqrt{2\pi}}e^{-\frac{t^2}{2}}dt$$

正态分布在概率论中起着非常重要的作用，在实际问题中常常遇到一些变量，它们的分布近似于服从正态分布，有一个共同的特点：它们都可看作许多微小的、独立的因素作用的总结果，而每一个因素的影响都很小，不起压倒一切的主导作用.

7. 关于期望与方差

(1) 数学期望.

1) 随机变量 X 的数学期望

$$E(X)=\begin{cases}\int_{-\infty}^{+\infty}xf(x)dx\ ,\ X\sim f(x)\\ \sum_k x_k p_k\ ,\ X\sim p(X=x_k)=p_k\end{cases}$$

是一个数值.

2）数学期望反映了随机变量取值的“平均”情况，所以也称为“均值”，它是以概率为“权”的加权平均.

（2）方差.

1）设 X 是随机变量，$E(X)$ 存在，随机变量的方差

$$D(X)=\begin{cases}\int_{-\infty}^{+\infty}[x-E(X)]^2f(x)\mathrm{d}x\ ,\ X\sim f(x)\\ \sum[x_k-E(X)]^2p_k\ ,\ X\sim p(X=x_k)=p_k\end{cases}$$

可以统一为

$$D(X)=E[X-E(X)]^2.$$

即随机变量 X 的方差是随机变量函数 $Y=[X-E(X)]^2$ 的期望．由方差的定义，可知方差 $D(X)$ 也是一数值，而且是一个非负数值.

2）方差就是随机变量取值与均值偏离量的平方的平均，亦即平均每一个单位的偏离数值．对于离散型随机变量 X，$D(X)$ 表示平均每个取值与均值 $E(X)$ 之距离的平方．$D(X)$ 的值大，表明 X 的取值距 $E(X)$ 远，X 的取值分散；$D(X)$ 的值小，表明 X 的取值距 $E(X)$ 近，X 的取值集中，可见 $D(X)$ 反映了随机变量 X 的取值相对于它的均值 $E(X)$ 的分散程度.

三、典型例题解析

例1　对飞机进行两次射击，每次射击一弹，设

$A_1=\{$第一次射击击中飞机$\}$，$A_2=\{$第二次射击击中飞机$\}$，

试用 A_1，A_2 及它们的对立事件表示下列事件.

(1) $B=\{$两次都击中飞机$\}$；(2) $C=\{$两次都没有击中飞机$\}$；

(3) $D=\{$恰有一次击中飞机$\}$；(4) $E=\{$至少有一次击中飞机$\}$.

解：（1）$B=A_1A_2$；

（2）$C=\overline{A_1}\ \overline{A_2}$ 或 $C=\overline{A_1+A_2}$；

（3）$D=A_1\overline{A_2}+\overline{A_1}A_2$ 或 $D=\overline{A_1A_2+\overline{\overline{A_1A_2}}}$；

（4）$E=A_1+A_2$ 或 $E=\overline{\overline{A_1A_2}}$ 或 $E=D+A_1A_2$.

例2　袋内有5个白球，3个黑球，从中任取2球，求取出的两球都是白球及两球为一黑一白的概率.

解：设 $A=$“两球都是白球”；$B=$“两球为一白一黑”.

袋中8个球中任意取2球的方法共有 $C_8^2=28$ 种，A 事件发生的结果有 $C_5^2=10$ 种，B 事件发生的结果有 $C_5^1\cdot C_3^1=15$ 种.

$$P(A)=\frac{10}{28}=0.357,\ P(B)=\frac{15}{28}=0.536.$$

例3　已知袋内装有4个白球，2个红球，若每次从袋内任取一球，取后不放回，共取两次，求：(1)取到的两球都是白球的概率；(2)取到的两球颜色相同的概率；(3)取到的两球至少有一个是白球的概率.

解：设A=“取到的两球都是白球”；B=“取到的两球颜色相同”；

C=“取到的两球至少有一个是白球”.

则$\overline{C}$=“两球都是红球”，且A与$\overline{C}$互不相容.

(1) $P(A)=\frac{C_4^2}{C_6^2}=0.4$；

(2) $P(B)=P(A+\overline{C})=P(A)+P(\overline{C})=0.4+\frac{C_2^2}{C_6^2}=0.467$；

(3) $P(C)=1-P(\overline{C})=1-\frac{C_2^2}{C_6^2}=0.933$.

例4　已知袋中有10件产品，其中3件次品，从中无放回地随机抽取3次，每次取1件，求取得的全是次品的概率.

解：用A_i表示“第i次取到次品”($i=1,2,3$)，用B表示“所取3件产品全是次品”，所以$B=A_1A_2A_3$，则

$$P(A_1)=\frac{3}{10},\quad P(A_2\mid A_1)=\frac{2}{9},\quad P(A_3\mid A_1A_2)=\frac{1}{8},$$

$$P(B)=P(A_1)P(A_2\mid A_1)P(A_3\mid A_1A_2)=\frac{3}{10}\times\frac{2}{9}\times\frac{1}{8}=\frac{1}{120}$$

$$\approx 0.0083.$$

例5　将一枚硬币连抛3次，如果X表示“正面朝上出现的次数”，求X的概率分布.

解：因一枚硬币连抛3次，观察正面朝上出现的次数是三重贝努里试验，所以X的概率函数为

$$P\{X=k\}=C_3^k\left(\frac{1}{2}\right)^k\left(\frac{1}{2}\right)^{3-k}\ (k=0,1,2,3).$$

用分布律表示，如下面所示.

X	0	1	2	3
P	$\frac{1}{8}$	$\frac{3}{8}$	$\frac{3}{8}$	$\frac{1}{8}$

例 6 设连续型随机变量 X 概率密度函数为

$$f(x)=\begin{cases}kx^2, & 1\leqslant x\leqslant 2\\ kx, & 2<x<3\\ 0, & 其他\end{cases}$$

(1) 试确定系数 k；

(2) 求 $P(X>1.5)$，$P(X<5)$，$P(0\leqslant X\leqslant 2)$；

(3) 求 $E(X)$，$D(X)$；

(4) 设 $Y=5X^2-1$，求 $E(Y)$.

解：(1) 显然 $k\geqslant 0$，由密度函数的性质

$$1=\int_{-\infty}^{+\infty}f(x)\mathrm{d}x=\int_1^2 kx^2\mathrm{d}x+\int_2^3 kx\mathrm{d}x=k\left(\frac{x^3}{3}\Big|_1^2+\frac{x^2}{2}\Big|_2^3\right)=\frac{29}{6}k,$$

$k=\frac{6}{29}$.

X 的密度函数为

$$f(x)\begin{cases}\frac{6}{29}x^2, & 1\leqslant x\leqslant 2\\ \frac{6}{29}x, & 2<x<3\\ 0, & 其他\end{cases}$$

(2) $P(X>1.5)=\int_{1.5}^{+\infty}f(x)\mathrm{d}x$

$$=\int_{1.5}^2\frac{6}{29}x^2\mathrm{d}x+\int_2^3\frac{6}{29}x\mathrm{d}x=\frac{6}{29}\frac{x^3}{3}\Big|_{1.5}^2+\frac{6}{29}\frac{x^2}{2}\Big|_2^3=\frac{97}{116}\approx 0.836.$$

$$P(X<5)=\int_{-\infty}^5 f(x)\mathrm{d}x=\int_1^2\frac{6}{29}x^2\mathrm{d}x+\int_2^3\frac{6}{29}x\mathrm{d}x=1.$$

$$P(0\leqslant X\leqslant 2)=\int_0^2 f(x)\mathrm{d}x=\int_1^2\frac{6}{29}x^2\mathrm{d}x=\frac{6}{29}\frac{x^3}{3}\Big|_1^2=\frac{14}{29}\approx 0.483.$$

(3) $E(X)=\int_{-\infty}^{+\infty}xf(x)\mathrm{d}x=\int_1^2 x\cdot\frac{6}{29}x^2\mathrm{d}x+\int_2^3 x\cdot\frac{6}{29}x\mathrm{d}x$

$$=\frac{6}{29}\frac{x^4}{4}\Big|_1^2+\frac{6}{29}\frac{x^3}{3}\Big|_2^3=\frac{121}{58}\approx 2.086.$$

$$D(X)=E(X^2)-[E(X)]^2=\int_1^2\frac{6}{29}x^4\mathrm{d}x+\int_2^3\frac{6}{29}x^3\mathrm{d}x-\left(\frac{121}{58}\right)^2$$

$$=\frac{6\times 31}{29\times 5}+\frac{6\times 65}{29\times 4}-\frac{14641}{3364}\approx 0.293$$

(4) $E(Y)=E(5X^2-1)=\int_{-\infty}^{+\infty}(5x^2-1)f(x)\mathrm{d}x$

$$=\int_1^2(5x^2-1)\frac{6}{29}x^2\mathrm{d}x+\int_2^3(5x^2-1)\frac{6}{29}x\mathrm{d}x$$

$$=\frac{6}{29}\left(x^5\Big|_1^2-\frac{x^3}{3}\Big|_1^2+\frac{5}{4}x^4\Big|_2^3-\frac{x^2}{2}\Big|_2^3\right)$$

$$=\frac{6}{29}(31-\frac{7}{3}+\frac{5\times 65}{4}-\frac{5}{2})\approx 22.224.$$

例7　设 $X\sim N(70,\ 10^2)$，

(1) 求 $P(X<62)$，$P(X\geqslant 72)$；

(2) 求 a，使 $P(a\leqslant X<90)=0.7055$.

解：(1)本题 $\mu=70$，$\sigma=10$，于是 $Z=\frac{X-\mu}{\sigma}=\frac{X-70}{10}\sim N(0,\ 1)$，

$$P(X<62)=P\left(\frac{X-70}{10}<\frac{62-70}{10}\right)=P(Z<-0.8)$$

$$=1-\Phi(0.8)=1-0.7881=0.2119.$$

$$P(X\geqslant 72)=1-P(X<72)=1-P\left(\frac{X-70}{10}<\frac{72-70}{10}\right)$$

$$=1-P(Z<0.2)=1-\Phi(0.2)=1-0.5793=0.4207.$$

(2) $\because P(a\leqslant X<90)=P\left(\frac{a-70}{10}<\frac{x-70}{10}<\frac{90-70}{10}\right)$

$$=P(\frac{a-70}{10}<Z<2)$$

$$=\Phi(2)-\Phi\left(\frac{a-70}{10}\right)$$

$$=0.9772-\Phi(\frac{a-70}{10})=0.7055$$

即 $\Phi(\frac{a-70}{10})=0.2717$，因 $0.2717<0.5$，所以$\frac{a-70}{10}<0$，

$\therefore 0.2717=1-\Phi\left(\frac{70-a}{10}\right)$，$\Phi\left(\frac{70-a}{10}\right)=0.7283$，

查正态分布表，得 $\frac{70-a}{10}=0.61$，解得 $a=63.9$.

四、习题解答

习题 8.1

1. 甲校有 4 名学生，乙校有 6 名学生，丙校有 5 名学生，分别获得市数学竞赛一等奖.

(1) 从中任选 1 名学生参加全国决赛，有多少种不同的选法？

(2) 从 3 个学校获一等奖的学生中各选 1 名学生参加全国决赛，有多少种不同的选法？

解：(1)共有 $C_4^1+C_6^1+C_5^1=15$(种)；

(2) 共有 $C_4^1\cdot C_6^1\cdot C_5^1=120$(种).

2. 某段铁路上有 12 个车站，共需要准备普通客票多少种？

解：这是排列问题：$P_{12}^2=12\times 11=132$(种).

3. 一个集合有 8 个元素，这个集合中包含 3 个元素的子集有多少个？

解：这是组合问题：$C_8^3=\frac{8\times 7\times 6}{3\times 2\times 1}=56$(个).

4. 某信号兵用红、黄、蓝旗从上至下挂在竖直的旗杆上表示信号，一共可以表示的不同信号有多少种？

解：根据加法原理：$P_3^1+P_3^2+P_3^3=15$(种).

习题 8.2

1. 设 A，B 为两事件，则 (B) 一定正确.

A. $\overline{A}B$ 与 A 对立　　　　B. $\overline{A}B$ 与 A 互不相容

C. $\overline{AB}$与 AB 对立　　　　D. $A+B$ 与$\overline{A}+\overline{B}$对立

2. 设 A，B 为两事件，则$(A+B)(\overline{A}+\overline{B})$表示 (C).

A. 必然事件　　B. 不可能事件

C. A 与 B 恰有一个发生　　D. A 与 B 不同时发生

3. 如果试验 E 为同时掷两颗骰子，观察出现的点数之和.

（1）写出 E 的样本空间；

（2）若设 A =“点数和为奇数”，B =“点数和为偶数”，C =“点数和不超过 8”，说明 $\overline{A}$，$\overline{C}$，$A+B$，AB，$B+C$，BC，$A-C$，$C-B$ 各表示什么事件.

解：（1）$\Omega=\{\omega_2, \omega_3, \cdots, \omega_{12}\}$，其中 ω_i =“点数和为 i”（$i=2, 3, \cdots, 12$）.

（2）$\overline{A}$ 表示事件“点数和为偶数”$=B$，$\overline{C}$ 表示事件“点数和为 9，10，11，12”，$A+B$ 表示必然事件“点数和或者是奇数或者是偶数”，AB 表示不可能事件“点数和既是奇数又是偶数”，$B+C$ 表示事件“点数和为 2，3，4，5，6，7，8，10，12”，BC 表示事件“点数和为 2，4，6，8”，$A-C$ 表示事件“点数和为 9 或 11”，$C-B$ 表示事件“点数和为 3，5，7”.

4. 设 A，B，C 为三个事件，用 A，B，C 表示下列事件.

（1）A，B，C 中恰有一个发生；

（2）A，B，C 中至少有一个发生；

（3）A 发生而 B 与 C 都不发生；

（4）A，B，C 中最多有一个发生；

（5）A，B，C 不能同时发生；

（6）A，B，C 都不发生.

解：（1）$A\overline{B}\,\overline{C}+\overline{A}B\overline{C}+\overline{A}\,\overline{B}C$；（2）$A+B+C$；（3）$A\overline{B}\,\overline{C}$ 或 $A-B-C$；

（4）$\overline{A}\,\overline{B}+\overline{A}\,\overline{C}+\overline{B}\,\overline{C}$；（5）$\overline{ABC}$ 或 $\overline{A}+\overline{B}+\overline{C}$；（6）$\overline{A}\,\overline{B}\,\overline{C}$ 或 $\overline{A+B+C}$.

习题 8.3

1. 100 个外形一样的 40W 灯泡，其中正品 93 个，次品 7 个，求下列事件的概率.

（1）从中任意取出 1 个，这个灯泡是正品的概率是多少？是次品的概率是多少？

（2）从中任意取出 2 个，抽中两个灯泡都是正品的概率是多少？抽中两个灯泡都是次品的概率是多少？

(3) 从中任意取出 3 个，三个灯泡都是正品的概率是多少？

(4) 从中任意取出 3 个，恰有 1 个正品、2 个次品的概率是多少？

解：(1) $\frac{93}{100}$，$\frac{7}{100}$；

(2) 抽中两个灯泡都是正品的概率 $=\frac{C_{93}^2}{C_{100}^2}=\frac{713}{825}\approx 0.864$.

抽中两个灯泡都是次品的概率 $=\frac{C_{7}^2}{C_{100}^2}=\frac{7}{1650}\approx 0.004$.

(3) 三个灯泡都是正品的概率 $=\frac{C_{93}^3}{C_{100}^3}=\frac{9269}{11550}\approx 0.803$.

(4) 恰有 1 个正品、2 个次品的概率 $=\frac{C_{93}^1 C_7^2}{C_{100}^3}=\frac{93}{7700}\approx 0.012$.

2. 一枚硬币抛两次，求恰有一次正面朝上及至少有一次正面朝上的概率.

解：根据贝努里定理，

恰有一次正面朝上的概率 $=C_2^1 0.5\times 0.5=0.5$；

至少有一次正面朝上的概率 $=C_2^1 0.5\times 0.5+C_2^2 0.5^2 0.5^0=0.75$.

3. 同时掷两个骰子，求点数和等于 7 及点数和不小于 10 的概率.

解：样本空间的总数为 $C_6^1 C_6^1=36$，

点数和为 7 的情况有 $1+6=7$；$6+1=7$；$4+3=7$；$3+4=7$；$2+5=7$；$5+2=7$，共有 6 种，所以概率为 $\frac{6}{36}=\frac{1}{6}$.

点数和不小于 10 的情况有 $5+5$；$4+6$；$6+4$；$6+5$；$5+6$；$6+6$，共有 6 种，所以概率为 $\frac{6}{36}=\frac{1}{6}$.

习题 8.4

一、填空题

1. 设 A、B、C 是三个事件，试用 A、B、C 的运算关系表述下述事件.

(1) {A、B 至少一个出现，C 不出现} = <u>$(A+B)\overline{C}$</u>.

(2) {A、B、C 都不出现} = <u>$\overline{A}\,\overline{B}\,\overline{C}$</u>.

(3) {A 出现，B、C 至少一个不出现} = <u>$(\overline{B}+\overline{C})A$</u>.

2. 若$A+B=U$，$AB=\varnothing$，则A是B的<u>　对立事件　</u>，$P(A)=\underline{1-P(B)}$.

3. 若$P(A|B)=P(A)$，则$P(B|\overline{A})=$ <u>$P(B)$</u>.

4. 设两个事件A、B，已知$P(A)=\frac{1}{2}$，$P(B)=\frac{1}{3}$，$P(B|A)=\frac{1}{2}$，

则$P(A+B)=\underline{\frac{7}{12}}$.

二、选择题

1. 抽查10件产品，设$A=\{$至少2件次品$\}$，则$\overline{A}=$（B）.

A. ｛至少2件次品｝　　B. ｛至多1件次品｝

C. ｛至多2件正品｝　　D. ｛至少2件正品｝

2. 掷两颗均匀的骰子，出现“点数和为3”的概率是（D）.

A. $\frac{1}{6}$　　B. $\frac{1}{6}\times\frac{1}{6}$

C. $\frac{1}{6}+\frac{1}{6}$　　D. $\frac{1}{36}+\frac{1}{36}$

3. 据统计，某地区一年中下雨（记为事件A）的概率是$\frac{4}{15}$，刮风（三级以上的风记为B）的概率是$\frac{2}{15}$，既刮风又下雨的概率是$\frac{1}{10}$，则下列各式正确的是（D）.

A. $P(AB)=\frac{2}{15}$　　B. $P(A|B)=\frac{1}{2}$

C. $P(B|A)=\frac{1}{4}$　　D. $P(A+B)=\frac{3}{10}$

三、解答题

1. 设A、B为两个事件，$P(A)=0.6$，$P(B|\overline{A})=0.4$，求$P(A+B)$.

解：利用$P(A+B)=1-P(\overline{A+B})=1-P(\overline{A}\,\overline{B})$，

因为$P(A|B)=1-P(\overline{A}|B)$，所以$P(\overline{B}|\overline{A})=(1-P(B|\overline{A}))$，

$$P(\overline{A}\,\overline{B})=P(\overline{A})\cdot P(\overline{B}|\overline{A})=(1-P(A))(1-P(B|\overline{A}))$$
$$=(1-0.6)(1-0.4)=0.24,$$
$$P(A+B)=1-P(\overline{A+B})=1-P(\overline{A}\,\overline{B})=1-0.24=0.76.$$

2. 设A、B、C为三个事件，已知$P(A)=P(B)=P(C)=\frac{1}{4}$，且$A$与$B$互不相容，$B$与$C$互不相容，$P(AC)=\frac{1}{6}$，求$A$、$B$、$C$都不发生的

概率.

解：因为 A 与 B 互不相容，B 与 C 互不相容，所以 $P(AB)=P(BC)=P(ABC)=0$

$$P(A+B+C)=P(A)+P(B)+P(C)-P(AB)-P(AC)-P(BC)+P(ABC)$$

$$=\frac{1}{4}+\frac{1}{4}+\frac{1}{4}-0-\frac{1}{6}-0+0=\frac{7}{12},$$

所以 A、B、C 都不发生的概率 $P(\overline{A+B+C})=1-P(A+B+C)=1-\frac{7}{12}=\frac{5}{12}$.

3. 设 A、B 为两个事件，$P(A-B)=0.2$，$P(A)=0.8$，求 $P(B|A)$.

解：因为 $A-B=A-AB$，而 $A\supseteq AB$，

所以 $P(A-B)=P(A-AB)=P(A)-P(AB)=0.2$，

又 $P(A)=0.8$，$P(AB)=0.8-0.2=0.6$，

$$P(B|A)=\frac{P(AB)}{P(A)}=\frac{0.6}{0.8}=0.75.$$

4. 生产某种产品要经过三道工序，如果各道工序出次品的概率分别为 0.1，0.06，0.03，且各道工序相互独立，求该种产品的次品率.

解：设三道工序出次品的事件分别为 A、B、C，因为相互独立，

所以 $P(A+B+C)=1-P(\overline{A})P(\overline{B})P(\overline{C})=1-(1-0.1)(1-0.06)(1-0.03)=0.179$.

5. 一批商品的次品率为 0.1，进行有放回抽样检查，每次抽一件，独立地重复 10 次，求 10 次中恰有 7 次抽到次品的概率.

解：根据贝努里定理，

$$P_{10}(7)=C_{10}^{7}(0.1)^{7}(0.9)^{3}\approx 0.00000875.$$

习题 8.5

1. 某车间工人分早、中、夜三班轮班生产同一种产品．某星期各班产量分别占总产量的 36%，34%，30%，各班的次品率分别为 0.01，0.02，0.03. 现从该星期生产的产品中任取一件进行检查，该产品正好是次品的概率为多少？如果取到的产品正好是次品，它是由夜班工人生产的概率为多少？

解：设早、中、晚编号分别为 1、2、3，

A_i =“产品是第 i 班生产的”($i=1$，2，3)，B =“随意取一件产品正好是次品”.

因为 A_1，A_2，A_3 构成一个完备事件组，由题意知

$P(A_1)=0.36$，$P(A_2)=0.34$，$P(A_3)=0.30$，

$P(B|A_1)=0.01$，$P(B|A_2)=0.02$，$P(B|A_3)=0.03$，

由全概公式可知，该产品正好是次品的概率：

$$
\begin{aligned}
P(B) &= \sum_{i=1}^{3} P(A_i)P(B|A_i) \\
&= 0.36\times0.01+0.34\times0.02+0.30\times0.03=0.0194.
\end{aligned}
$$

由逆概公式可知，取到的产品正好是次品，它是由夜班工人生产的概率：

$$
P(A_3|B)=\frac{P(A_3)P(B|A_3)}{\sum_{i=1}^{3}P(A_i)P(B|A_i)}=\frac{0.3\times0.03}{0.0194}\approx0.464.
$$

2. 甲、乙、丙三门高射炮同时向一架敌机各发射一发炮弹．已知它们击中敌机的概率分别为 0.4，0.5，0.7，又知敌机若只中一发炮弹被击落的概率为 0.2，中两发炮弹被击落的概率为 0.6，中三发炮弹肯定被击落，求敌机被击落的概率.

解：设甲、乙、丙三门高射炮的编号分别为 1、2、3，

设 B_i = {第 i 次击中敌机}($i=1$，2，3)，

A_j = {敌机中 j 弹}($j=1$，2，3)，

B = {甲、乙、丙三门高射炮同时向敌机各发射一发炮弹击落敌机}，

$$
\begin{aligned}
\text{故 } P(A_1) &= P(B_1\overline{B}_2\overline{B}_3)+P(\overline{B}_1B_2\overline{B}_3)+P(\overline{B}_1\overline{B}_2B_3) \\
&= P(B_1)P(\overline{B}_2)P(\overline{B}_3)+P(\overline{B}_1)P(B_2)P(\overline{B}_3)+P(\overline{B}_1)P(\overline{B}_2)P(B_3) \\
&= 0.4\times(1-0.5)(1-0.7)+(1-0.4)\times0.5\times(1-0.7)+(1-0.4)(1-0.5)\times0.7 \\
&= 0.36.
\end{aligned}
$$

$$
\begin{aligned}
P(A_2) &= P(B_1B_2\overline{B}_3+B_1\overline{B}_2B_3+\overline{B}_1B_2B_3) \\
&= 0.4\times0.5\times(1-0.7)+0.4\times(1-0.5)\times0.7+(1-0.4)\times0.5\times0.7
\end{aligned}
$$

$=0.41.$

$P(A_3)=P(B_1B_2B_3)=P(B_1)P(B_2)P(B_3)=0.4\times0.5\times0.7$
$=0.14.$

又 $P(B|A_1)=0.2$，$P(B|A_2)=0.6$，$P(B|A_3)=1$，

所以 $P(B)=\sum_{i=1}^{3}P(A_i)P(B|A_i)=0.36\times0.2+0.41\times0.6+0.14\times1$
$=0.458.$

3. 某商场出售某产品，进货10件，其中有3件次品，已经售出2件，现在要从剩下的8件产品中任取一件，求这件是正品的概率.

解：设 $A=\{$剩下的8件产品任取一件是正品$\}$，

$B=\{$售出2件中恰有 i 件是正品$\}$，$i=0, 1, 2.$

$P(B_0)=\frac{3}{10}\cdot\frac{2}{9}=\frac{1}{15}$，$P(B_1)=2\times\frac{3}{10}\times\frac{7}{9}=\frac{7}{15}$，

$P(B_2)=\frac{7}{10}\times\frac{6}{9}=\frac{7}{15}$，

$P(A|B_0)=\frac{7}{8}$，$P(A|B_1)=\frac{6}{8}$，$P(A|B_2)=\frac{5}{8}.$

由全概公式有

$$P(A)=\sum_{i=0}^{2}P(B_i)P(A|B_i)=\frac{1}{15}\times\frac{7}{8}+\frac{7}{15}\times\frac{6}{8}+\frac{7}{15}\times\frac{5}{8}=\frac{7}{10}.$$

4. 一道考题列出四个答案，要求学生把其中的一个正确答案选择出来. 假设他知道正确答案的概率是$\frac{1}{2}$，而乱猜的概率也是$\frac{1}{2}$，设他乱猜答案猜对的概率为$\frac{1}{4}$，如果已知他答对了，问他确实知道正确答案的概率为多少?

解：设 $A=\{$该生知道正确答案$\}$，$B=\{$答对了$\}$，则由逆概公式可知

$$P(A|B)=\frac{P(A)P(B|A)}{P(B)}=\frac{P(A)P(B|A)}{P(A)P(B|A)+P(\overline{A})P(B|\overline{A})}$$

$$=\frac{\frac{1}{2}\times1}{\frac{1}{2}\times1+\frac{1}{4}\times\frac{1}{2}}=\frac{4}{5}.$$

习题 8.6

一、选择题

1. 设 X 是离散型随机变量，以下可作为 X 的概率分布的是 (B).

A.

X	x_1	x_2	x_3	x_4
P_k	$\frac{1}{2}$	$\frac{1}{4}$	$\frac{1}{8}$	$\frac{1}{16}$

B.

X	x_1	x_2	x_3	x_4
P_k	$\frac{1}{2}$	$\frac{1}{4}$	$\frac{1}{8}$	$\frac{1}{8}$

C.

X	x_1	x_2	x_3	x_4
P_k	$\frac{1}{2}$	$\frac{1}{3}$	$\frac{1}{4}$	$\frac{1}{12}$

D.

X	x_1	x_2	x_3	x_4
P_k	$\frac{1}{2}$	$\frac{1}{3}$	$\frac{1}{4}$	$-\frac{1}{12}$

2. 下列函数中，可以作为随机变量 X 密度函数的是(A).

A. $P(x)=\begin{cases}4x(1-x^2), & 0\leqslant x<1\\ 0, & 其他\end{cases}$

B. $P(x)=\begin{cases}2x(1-x^2), & 0\leqslant x<1\\ 0, & 其他\end{cases}$

C. $P(x)=e^{-x}(-\infty<x<+\infty)$

D. $P(x)=e^{-|x|}(-\infty<x<+\infty)$

3. $P(X=x_k)=\dfrac{2}{p_k}(k=1,2,\cdots)$为一离散型随机变量 X 的概率函数的必要条件是 (D).

A. x_k 非负　　B. x_k 为整数

C. $0<p_k<1$　　D. $p_k\geqslant 2$

4. 若函数 $y=f(x)$ 是一连续型随机变量 X 的概率密度，则(C)一定成立.

A. $f(x)$的定义域为[0，1]　　B. $f(x)$的值域为[0，1]

C. $f(x)$非负　　D. $f(x)$在$(-\infty, +\infty)$内连续

二、解答题

1. 罐中有5个红球，3个白球，从中每次任取一球后放入一个红球，直到取到红球为止，用X表示取球次数，求X的分布律及$P(1<X\leqslant 3)$.

解：X的分布律如下表所示

X	1	2	3	4
P	$\frac{5}{8}$	$\frac{9}{32}$	$\frac{21}{256}$	$\frac{3}{256}$

$$P(1<X\leqslant 3)=\frac{9}{32}+\frac{21}{256}=0.363.$$

2. 随机变量X服从区间$(0,5)$上的均匀分布，求关于Y的方程$Y^2+2XY+4X-3=0$有实根的概率.

解：对于一元二次方程$Y^2+2XY+4X-3=0$，要使方程有实根，须$\Delta\geqslant 0$，

即$(2X)^2-4(4X-3)\geqslant 0$，$X^2-4X+3\geqslant 0$，

$(X-1)(X-3)\geqslant 0$，所以$X\leqslant 1$或$X\geqslant 3$.

$$P(X\leqslant 1)+P(X\geqslant 3)=\int_0^1\frac{1}{5-0}\mathrm{d}x+\int_3^5\frac{1}{5-0}\mathrm{d}x=0.6.$$

所以原方程有实根的概率为0.6.

习题 8.7

1. 设随机变量ξ的分布列为：

$$P(\xi=k)=\frac{k}{15},\quad k=1,2,3,4,5.$$

试求：(1)$P(\xi=1$或$\xi=2)$；(2)$P(\frac{1}{2}<\xi<\frac{5}{2})$；(3)$P(1\leqslant\xi\leqslant 2)$.

解：(1)$P(\xi=1$或$\xi=2)=P(\xi=1)+P(\xi=2)=\frac{1}{15}+\frac{2}{15}=\frac{1}{5}$；

(2) $P(\frac{1}{2}<\xi<\frac{5}{2})=\frac{1}{15}+\frac{2}{15}=\frac{1}{5}$；

(3) $P(1\leqslant\xi\leqslant 2)=\frac{1}{15}+\frac{2}{15}=\frac{1}{5}$.

2. 设随机变量 ξ 只能取5，6，7，…，16这十二个值，且取每一个值的概率均相同，试求：(1)$P(\xi>8)$；(2)$P(6<\xi\leqslant 14)$；(3)$P(\xi\geqslant 10)$.

解：(1)$P(\xi>8)=\frac{8}{12}=\frac{2}{3}$；(2)$P(6<\xi\leqslant 14)=\frac{8}{12}=\frac{2}{3}$；

(3) $P(\xi\geqslant 10)=\frac{7}{12}$.

3. 设 $X\sim N(2,0.3^2)$，求：(1)$P(X<2.4)$；(2)$P(X\geqslant 0)$；(3) $P(-1\leqslant X<3)$.

解：显见：$\mu=2$，$\sigma=0.3$，于是 $Z=\frac{X-\mu}{\sigma}=\frac{X-2}{0.3}\sim N(0,1)$，

(1) $P(X<2.4)=P(\frac{2.4-2}{0.3})=\Phi(1.33)=0.9082$.

(2) $P(X\geqslant 0)=1-P(X<0)=1-P(\frac{0-2}{0.3})=1-\Phi(-6.67)$

$$=1-[1-\Phi(6.67)]$$
$$=\Phi(6.67).$$

查正态分布表，表中没有 $\Phi(6.67)$的值，但是表中有$\Phi(4.49)=1$，又因为 $\Phi(X)$是不减函数，所以 $\Phi(6.67)=1$，即 $P(X\geqslant 0)=1$.

(3) $P(-1\leqslant X<3)=P(\frac{-1-2}{0.3}\leqslant\frac{X-2}{0.3}<\frac{3-2}{0.3})$

$$=P(-10\leqslant Z<3.33)$$
$$=\Phi(3.33)-\Phi(-10)$$
$$=\Phi(3.33)-[1-\Phi(10)]$$
$$=0.9995-(1-1)=0.9995.$$

4. 求服从参数为$\frac{1}{3}$的指数分布的随机变量 X 的分布函数.

解：因为 $\lambda=\frac{1}{3}$，

随机变量 X 的概率密度为

$$f(x)=\begin{cases}\frac{1}{3}e^{-\frac{1}{3}x}, & x>0\\ 0, & x\leqslant 0\end{cases}$$

$P(X<x)=F(x)=\int_{-\infty}^{x}\frac{1}{3}e^{-\frac{1}{3}t}dt=1-e^{-\frac{1}{3}x}$.

所以随机变量 X 的分布函数为

$$F(x)=\begin{cases}1-e^{-\frac{1}{3}}, & x>0\\ 0, & x\leqslant 0\end{cases}.$$

5. 设连续型随机变量 X 的分布函数为

$$F(x)=\begin{cases}0 & x<0\\ -\frac{1}{4}x^2+x, & 0\leqslant x\leqslant 2.\\ 1, & x\geqslant 2\end{cases}$$

求 $P(1<X\leqslant 3)$ 及 X 的概率密度.

解：$P(1<X\leqslant 3)=F(3)-F(1)=1-(-\frac{1}{4}\times 1+1)=0.25.$

概率密度为 $f(x)=F'(x)=\begin{cases}1-\frac{1}{2}x, & 0\leqslant x<2\\ 0, & 其他\end{cases}.$

6. 设随机变量 $X\sim N(0,1)$，求 $P(0.5<X\leqslant 1.5)$，$P(-2<X\leqslant 1)$，$P(|x|\leqslant 2)$.

解：查正态分布表得

$$P(0.5<X\leqslant 1.5)=\Phi(1.5)-\Phi(0.5)$$
$$=0.93319-0.6915=0.24169.$$
$$P(-2<X\leqslant 1)=\Phi(1)-\Phi(-2)=\Phi(1)-[1-\Phi(2)]$$
$$=0.8413-1+0.97725=0.81855.$$
$$P(|x|\leqslant 2)=P(-2\leqslant x\leqslant 2)=\Phi(2)-\Phi(-2)$$
$$=\Phi(2)-[1-\Phi(2)]=2\Phi(2)-1$$
$$=2\times 0.97725-1=0.9545.$$

习题 8.8

一、选择题

1. 设随机变量 X，且 $E(X)$ 存在，则 $E(X)$ 是（B）.

A. X 的函数　　B. 确定常数

C. 随机变量　　D. x 的函数

2. 设随机变量 X 的方差 $D(X)$ 存在，则 $D(aX+b)=$（C）（a，b 均为常数）.

A. $aD(X)+b$　　B. $a^2D(X)+b$

C. $a^2D(X)$　　　　D. $aD(X)$

3. 设随机变量 X 的期望 $E(X)$ 存在，则一定有 $E[E(X)]=$(A).

A. $E(X)$　　B. 0　　C. $E^2(X)$　　D. $[E(X)]^2$

4. 设随机变量 $Y\sim B(n,\ p)$，且 $E(Y)=2.4$，$D(Y)=1.44$，则参数 n，p 为(C).

A. $n=8$，$p=0.3$　　　　B. $n=6$，$p=0.6$

C. $n=6$，$p=0.4$　　　　D. $n=24$，$p=0.1$

二、填空题

1. 设 $p(x)$ 是随机变量 X 的密度，则对任意 $a<b$，都有 $P(a<X<b)=$ $\int_a^b p(x)\mathrm{d}x$. 那么，X 是连续型随机变量.

2. 设离散型随机变量 X 有概率分布 $P(X=x_k)=P_k(k=1,\ 2,\ \cdots)$，则 P_k 满足 $P_k\geqslant 0$；$\sum\limits_k P_k=1$.

3. 随机变量 X 的方差 $D(X)$ 是随机变量 $[X-E(X)]^2$ 的期望.

4. 设随机变量 $X\sim B(50,\ 0.20)$，则 $E(X)=$ 10 .

三、解答题

1. 甲、乙两家灯泡厂生产的灯泡的寿命(单位：小时)ξ、η 的分布列分别为表 8－1、表 8－2，求 $E(\xi)$、$E(\eta)$、$D(\xi)$、$D(\eta)$.

表 8－1

ξ	900	1000	1100
P	0.1	0.8	0.1

表 8－2

η	950	1000	1050
P	0.3	0.4	0.3

解：$E(\xi)=900\times 0.1+1000\times 0.8+1100\times 0.1=1000$；

$E(\eta)=950\times 0.3+1000\times 0.4+1050\times 0.3=1000$；

$D(\xi)=E[X-E(X)]^2=(900-1000)^2\times 0.1+(1000-1000)^2\times 0.8+(1100-1000)^2\times 0.1=2000$；

$D(\eta)=E[X-E(X)]^2$

$=(950-1000)^2\times 0.3+(1000-1000)^2\times 0.4+(1050-1000)^2\times 0.3=1500$.

2. 设 ξ 的分布密度为 $p(x)=\dfrac{1}{2}\mathrm{e}^{-|x|}$，求 $E(\xi)$ 与 $E(\xi^2)$.

解：$E(\xi)=\int_{-\infty}^{+\infty}x\cdot\frac{1}{2}e^{-|x|}dx=0$（因被积函数是奇函数）.

$$E(\xi^2)=\int_{-\infty}^{+\infty}x^2\cdot\frac{1}{2}e^{-|x|}dx=\int_0^{+\infty}x^2e^{-|x|}dx$$

$$=\int_0^{+\infty}x^2e^{-x}dx=-\frac{x^2+2x+2}{e^x}\bigg|_0^{+\infty}=2.$$

3. 设随机变量 X 的分布律如表 8－3 所示，求 $Y_1=\frac{1}{2}X+1$ 及 $Y_2=(X+1)^2$ 的分布律.

表 8－3

X	-2	-1	0	1	2	3
P	$\frac{1}{12}$	$\frac{3}{12}$	$\frac{4}{12}$	$\frac{1}{12}$	$\frac{2}{12}$	$\frac{1}{12}$

解：

Y_1	0	$\frac{1}{2}$	1	$\frac{3}{2}$	2	$\frac{5}{2}$
P	$\frac{1}{12}$	$\frac{3}{12}$	$\frac{4}{12}$	$\frac{1}{12}$	$\frac{2}{12}$	$\frac{1}{12}$

Y_2	0	1	4	9	16
P	$\frac{3}{12}$	$\frac{5}{12}$	$\frac{1}{12}$	$\frac{2}{12}$	$\frac{1}{12}$

4. 设随机变量 X 的分布律如表 8－4 所示，求 $Y_1=\sin X$ 及 $Y_2=2\cos X$ 的分布律.

表 8－4

X	0	$\frac{\pi}{2}$	π	$\frac{3\pi}{2}$	2π
P	0.1	0.3	0.2	0.3	0.1

解：

Y_1	-1	0	1
P	0.3	0.4	0.3

Y_2	-2	0	2
P	0.2	0.6	0.2

5. 设 X 的概率密度为 $f(x)=\begin{cases}2x, & 0<x<1\\ 0, & 其他\end{cases}$，求 $Y=e^{-X}$ 概率密度 $\varphi(y)$.

解：连续型随机变量的概率密度可以通过它的分布函数求导数得到，而 Y 的分布函数是事件"$Y\leqslant y$"的概率，可以将其转化为与它等价事件"$g(X)\leqslant y$"的概率来处理．设 X 的分布函数为 $F_X(x)$，Y 的分布函数为 $F_Y(y)$：

由 $Y=e^{-X}$，得 $X=-\ln Y$，

所以　$F_Y(y)=P(Y\leqslant y)=P(e^{-X}\leqslant y)=P(X\geqslant -\ln y)$

$$=1-P(X<-\ln y)=1-F_X(-\ln y),$$

又　$F_Y'(y)=-F_X'(-\ln y)\cdot(-\ln y)'=\frac{1}{y}F_X'(-\ln y)$，

所以　$Y=e^{-X}$ 概率密度 $\varphi(y)$ 为

$$\varphi(y)=\begin{cases}-\frac{2\ln y}{y}, & \frac{1}{e}<y<1\\ 0, & 其他\end{cases}.$$

6. 设 X 为一随机变量，已知 $E(X)=1$，$D\left(\frac{X}{2}\right)=1$，求 $E(X-1)^2$.

解：由期望和方差的性质得

$D\left(\frac{X}{2}\right)=1$　即 $\frac{1}{4}D(X)=1$，$D(X)=4$.

因　$D(X)=E(X^2)-[E(X)]^2$　知 $4=E(X^2)-1$，

所以 $E(X^2)=5$,

$E(X-1)^2=E(X^2-2X+1)=E(X^2)-2E(X)+1=5-2\times1+1=4.$

7. 设$f(x)$为连续型随机变量X的概率密度，并已知$E(X)=2$，且$\int_{-\infty}^{+\infty}(x^2+2x-10)f(x)\mathrm{d}x=0$，求$D\left(\frac{1}{2}X-1\right)$.

解：由 $\int_{-\infty}^{+\infty}(x^2+2x-10)f(x)\mathrm{d}x=0$,

$$\int_{-\infty}^{+\infty}x^2f(x)\mathrm{d}x+2\int_{-\infty}^{+\infty}xf(x)\mathrm{d}x-10\int_{-\infty}^{+\infty}f(x)\mathrm{d}x=0,$$

即 $E(X^2)+2E(X)-10\times1=0$,

所以 $E(X^2)=6$,

$$D\left(\frac{1}{2}X-1\right)=\frac{1}{4}D(X)=\frac{1}{4}\{EX^2-[E(X)]^2\}$$

$$=\frac{1}{4}(6-4)=0.5.$$

8. 设连续型随机变量X的概率密度为$f(x)=\begin{cases}2(1-x), & 0<x<1\\0, & 其他\end{cases}$，求$X$的期望与方差并求$Y=X^3$，$Z=\mathrm{e}^X$的期望与方差.

解：$E(X)=\int_{-\infty}^{+\infty}xf(x)\mathrm{d}x=\int_0^1x\cdot2(1-x)\mathrm{d}x=\frac{1}{3}$,

$$E(X^2)=\int_{-\infty}^{+\infty}x^2f(x)\mathrm{d}x=\int_0^1x^2\cdot2(1-x)\mathrm{d}x=\frac{1}{6},$$

$$D(X)=E(X^2)-[E(X)]^2=\frac{1}{6}-\left(\frac{1}{3}\right)^2=\frac{1}{18},$$

$$E(Y)=2\int_0^1x^3(1-x)\mathrm{d}x=\frac{1}{10},E(Y^2)=2\int_0^1x^6(1-x)\mathrm{d}x=\frac{1}{28},$$

$$D(Y)=E(Y^2)-[E(Y)]^2=\frac{1}{28}-\left[\frac{1}{10}\right]^2\approx0.026,$$

$$E(Z)=2\int_0^1\mathrm{e}^x(1-x)\mathrm{d}x=1.437,$$

$$E(Z^2)=2\int_0^1\mathrm{e}^{2x}(1-x)\mathrm{d}x\approx2.195,$$

$$D(Z)=E(Z^2)-[E(Z)]^2=2.195-1.437^2\approx0.13.$$

习题 8.9

1. 在一定条件下，生产某种产品的废品率为 0.01，求生产 10 件产品中废品数不超过 2 个的概率.

解：根据贝努里定理，

$$P(\xi \leqslant 2) = \sum_{k=0}^{2} C_{10}^{k}(0.01)^{k}(0.99)^{10-k}$$

$$= \sum_{k=0}^{2} \frac{e^{-0.1}(0.1)^{k}}{k!} \approx 1(\lambda = np = 0.1).$$

2. 商店订购 1000 瓶矿物饮料，这些饮料在运输途中瓶子被打碎的概率为 0.003，求商店收到的破碎玻璃瓶(1)恰有两只；(2)小于两只；(3)多于两只；(4) 至少有一只的概率.

解：根据泊松定理，$\lambda = np = 1000 \times 0.003 = 3$，

(1) $P(X=2) = \dfrac{3^2 e^{-3}}{2!} \approx 0.224$；

(2) $P(X=0) + P(X=1) = \dfrac{3^0 e^{-3}}{0!} + \dfrac{3e^{-3}}{1!} \approx 0.1992$；

(3) $P(X>2) = 1 - P(X \leqslant 2) = 1 - 0.224 - 0.1992 = 0.5768$；

(4) $P(X \geqslant 1) = 1 - P(X<1) = 1 - P(X=0) = 1 - \dfrac{3^0 e^{-3}}{0!} \approx 0.95.$

3. 从次品率为 0.03 的一批产品中随机抽取 100 个进行检查，如果发现其中次品个数超过 1 个，就认为这批产品不合格．求该批产品合格的概率.

解：根据泊松定理，$\lambda = np = 100 \times 0.03 = 3$，

$$P(X \leqslant 1) = P(X=0) + P(X=1) = \frac{3^0 e^{-3}}{0!} + \frac{3e^{-3}}{1!} \approx 0.1992.$$

4. 若工厂规定产品的废品率不超过 0.005 时产品才可以出厂，现从某车间生产的一批电子元件中任取 200 件，检查结果发现有 4 件废品，问这批电子元件能否出厂？

解：因为 $\dfrac{4}{200} = 0.02$，而 $0.02 > 0.005$，所以，这批产品不能出厂.

5. 某矿区为井下工人开展人身保险，规定每人每年年初向保险公司交保险金 20 元，一年保险期内若工人死亡，保险公司向家属赔偿 2000 元．

由历史资料知该矿井下工人的死亡率为 0.0036，现在矿区有 10000 名井下工人参加人身保险，试计算一年内井下工人死亡人数不超过 30 人的概率.

解：设随机变量 $X_n \sim B(n, p)$，则随机变量 $Y_n = \dfrac{X_n - np}{\sqrt{np(1-p)}}$ 的概率 p

对于任意实数 x，有

$$\lim_{n\to\infty} P\left(\frac{X_n - np}{\sqrt{np(1-p)}} \leqslant x\right) = \Phi(x),$$

设一年内井下工人死亡人数为 Y，由德莫弗—拉普拉斯中心极限定理，得

$$P(Y \leqslant 30) = P\left(Y \leqslant \frac{30 - 10000 \times 0.0036}{\sqrt{10000 \times 0.0036 \times 0.9964}}\right)$$

$$\Phi(-1.00) = 1 - \Phi(1.00) = 1 - 0.8413 = 0.1587.$$

第九章　矩阵和线性方程组

一、学习要点

1. 了解二阶、三阶行列式的展开式的计算方法，掌握如何用代数余子式展开计算 n 阶行列式的方法.

2. 了解行列式的性质，掌握使用行列式的性质进行相关的计算.

3. 理解矩阵的定义，了解矩阵的性质，掌握利用矩阵的性质进行相关的运算.

4. 了解几种特殊矩阵的概念.

5. 了解逆矩阵的概念，掌握如何计算一个矩阵的逆矩阵.

6. 掌握矩阵的初等变换的运算方法.

7. 了解克莱姆法则和高斯消元法，掌握用行列式计算方程组的解的方法.

8. 了解 n 维向量的基本概念，理解线性相关和线性无关、向量组的秩的概念，掌握相关的计算方法.

9. 掌握用矩阵的秩来判定非齐次方程组和齐次方程组的解的情况及求解方法.

二、重点、难点解析

1. 行列式的代数余子式概念

定义：一阶行列式 $|a|=a$，设 $(n-1)$ 阶行列式已定义，

由 n^2 个元素 $a_{ij}(i,\ j=1,\ 2,\ \cdots,\ n)$ 排列成的记号

$$D=\begin{vmatrix} a_{11} & a_{12} & \cdots & a_{1n} \\ a_{21} & a_{22} & \cdots & a_{2n} \\ \vdots & \vdots & & \vdots \\ a_{n1} & a_{n2} & \cdots & a_{nn} \end{vmatrix}$$
中划去第 i 行、第 j 列后剩下的元素按原来顺

序构成$(n-1)$阶行列式.

$$M_{ij}=\begin{vmatrix} a_{11} & a_{12} & \cdots & a_{1,j-1} & a_{1,j+1} & \cdots & a_{1n} \\ a_{21} & a_{22} & \cdots & a_{2,j-1} & a_{2,j+1} & \cdots & a_{2n} \\ \vdots & \vdots & & \vdots & \vdots & & \vdots \\ a_{i-1,1} & a_{i-1,2} & \cdots & a_{i-1,j-1} & a_{i-1,j+1} & \cdots & a_{i-1,n} \\ a_{i+1,1} & a_{i+1,2} & \cdots & a_{i+1,j-1} & a_{i+1,j+1} & \cdots & a_{i+1,n} \\ \vdots & \vdots & & \vdots & \vdots & & \vdots \\ a_{n1} & a_{n2} & \cdots & a_{n,j-1} & a_{n,j+1} & \cdots & a_{nn} \end{vmatrix}$$称为 D 中元素

a_{ij}的余子式，

$A_{ij}=(-1)^{i+j}M_{ij}$，称为元素 a_{ij}的代数余子式.

记号 $D=\begin{vmatrix} a_{11} & a_{12} & \cdots & a_{1n} \\ a_{21} & a_{22} & \cdots & a_{2n} \\ \vdots & \vdots & & \vdots \\ a_{n1} & a_{n2} & \cdots & a_{nn} \end{vmatrix}$的值定义为

$D=a_{11}A_{11}+a_{12}A_{12}+\cdots+a_{1n}A_{1n}=\sum\limits_{j=1}^{n}a_{1j}A_{1j}$称为 n 阶行列式，其中 $A_{1j}(j=1,\ 2,\ \cdots,\ n)$为 D 中元素 $a_{1j}(j=1,\ 2,\ \cdots,\ n)$的代数余子式，是$(n-1)$阶行列式.

此定义说明 n 阶行列式 D 的值是按第一行各元素与其相应的代数余子式乘积之和，称为按第一行展开，可以证明 D 还可以按其他行(列)展开.

如：求四阶行列式$\begin{vmatrix} -2 & 1 & 0 & 0 \\ -1 & 3 & -2 & 1 \\ 1 & 2 & 3 & 4 \\ 3 & -1 & 0 & 0 \end{vmatrix}$的值.

解：按第一行展开

$$\begin{vmatrix} -2 & 1 & 0 & 0 \\ -1 & 3 & -2 & 1 \\ 1 & 2 & 3 & 4 \\ 3 & -1 & 0 & 0 \end{vmatrix}=-2\times(-1)^{1+1}\begin{vmatrix} 3 & -2 & 1 \\ 2 & 3 & 4 \\ -1 & 0 & 0 \end{vmatrix}+$$

$$1\times(-1)^{1+2}\begin{vmatrix} -1 & -2 & 1 \\ 1 & 3 & 4 \\ 3 & 0 & 0 \end{vmatrix}$$

$= -22-(-24-9)=11.$

2. 行列式的性质

性质1　行列式转置，其值不变，即 $D=D^{\mathrm{T}}$.

性质2　交换行列式的两行(列)，行列式的值变号.

推论　若行列式中有两行(列)对应元素相等，行列式的值为零.

性质3　用常数 k 乘行列式的某一行(列)，等于用常数 k 乘此行列式.

推论　如果行列式有两行(列)的对应元素成比例，则此行列式的值为零.

性质4　如果行列式中某一行(列)的每一个元素都写成两个数的和，则此行列式可以写成两个行列式的和，这两个行列式分别以这两个数为所在的行(列)对应位置的元素，其他位置的元素与原行列式相同.

性质5　将行列式某一行(列)的所有元素同乘以常数 k 后加于另一行(列)对应的位置上，行列式的值不变.

3. 关于矩阵的乘法

(1) 矩阵相乘的条件与作法.

只有当左矩阵 A 的列数与右矩阵的行数相等时，A 与 B 才能相乘.

设 A 是 m 行 s 列矩阵，B 是 s 行 n 列矩阵，则 $A_{m\times s}\times B_{s\times n}=C_{m\times n}$.

乘积矩阵 $C(=AB)$ 的第 i 行第 j 列元素 c_{ij} 是 A 的第 i 行的 s 个元素分别与 B 的第 j 列的 s 个元素对应乘积的代数和，即

$$c_{ij}=a_{i1}b_{1j}+a_{i2}b_{2j}+\cdots+a_{is}b_{sj}=\sum_{k=1}^{s}a_{ik}b_{kj}\quad(i=1,\ \cdots,\ m;\ j=1,\ \cdots,\ n),$$

可表示为

$$\begin{bmatrix}\cdots & \cdots & \cdots & \cdots\\ a_{i1} & a_{i2} & \cdots & a_{is}\\ \cdots & \cdots & \cdots & \cdots\end{bmatrix}\begin{bmatrix}\cdots & b_{1j} & \cdots\\ \cdots & b_{2j} & \cdots\\ \cdots & \cdots & \cdots\\ \cdots & b_{sj} & \cdots\end{bmatrix}=\begin{bmatrix}\cdots & \cdots & \cdots\\ \cdots & c_{ij} & \cdots\\ \cdots & \cdots & \cdots\end{bmatrix}.$$

(2) 矩阵的乘法满足乘法结合律、分配律.

即 $A(B+C)=AB+AC$ 和 $(B+C)A=BA+CA$.

(3) 矩阵的乘法一般不满足交换律，即 $AB=BA$ 不一定成立.

如：$A=\begin{bmatrix}1 & -1\\ 0 & 1\end{bmatrix}$，$B=\begin{bmatrix}1 & 1\\ 2 & 4\end{bmatrix}$

$AB=\begin{bmatrix}1 & -1\\ 0 & 1\end{bmatrix}\begin{bmatrix}1 & 1\\ 2 & 4\end{bmatrix}=\begin{bmatrix}-1 & -3\\ 2 & 4\end{bmatrix}$，$BA=\begin{bmatrix}1 & 1\\ 2 & 4\end{bmatrix}\begin{bmatrix}1 & -1\\ 0 & 1\end{bmatrix}=\begin{bmatrix}1 & 0\\ 2 & 2\end{bmatrix}$

显然：$AB \neq BA$.

(4) 矩阵的乘法不适合消去律.

若 $AB=O$，一般推不出 $A=O$，或 $B=O$，或者说两个非 O 矩阵，乘积矩阵可能是 O 矩阵，如

$$A=\begin{bmatrix}1 & -1\\ -1 & 1\end{bmatrix}\neq O,\ B=\begin{bmatrix}1\\ 1\end{bmatrix}\neq O,$$

有 $AB=\begin{bmatrix}1 & -1\\ -1 & 1\end{bmatrix}\begin{bmatrix}1\\ 1\end{bmatrix}=O$.

若 $AB=AC$，并且 $A\neq O$，不一定有 $B=C$.

如 $A=[0\ \ 1]$，$B=\begin{bmatrix}3 & -1\\ -4 & 2\end{bmatrix}$，$C=\begin{bmatrix}1 & 3\\ -4 & 2\end{bmatrix}$，

$$AB=[0\ \ 1]\begin{bmatrix}3 & -1\\ -4 & 2\end{bmatrix}=[-4\ \ 2],$$

$$AC=[0\ \ 1]\begin{bmatrix}1 & 3\\ -4 & 2\end{bmatrix}=[-4\ \ 2],$$

但 $B\neq C$.

同理 $BA=CA$，且 $A\neq O$，一般得不到 $B=C$ 的结论.

但是，当 A 可逆时，若 $AB=AC$，则有 $B=C$.

4. 关于矩阵的初等行变换

用矩阵的初等行变换可以求矩阵的阶梯形、矩阵的秩和逆矩阵，还可以求解线性方程组.

用 r 代表行，c 代表列，下面对矩阵 A 进行初等行变换，如 r_3 代表第 3 行，c_2 代表第 2 列，下同.

矩阵的初等行变换是指对矩阵进行下列三种变换：

(1) 互换矩阵某两行的位置，称为对换变换．如第 1 行与第 3 行互换，可记为

$$\begin{bmatrix}a_{11} & a_{12} & a_{13}\\ a_{21} & a_{22} & a_{23}\\ a_{31} & a_{32} & a_{33}\end{bmatrix}\xrightarrow{r_1\leftrightarrow r_3}\begin{bmatrix}a_{31} & a_{32} & a_{33}\\ a_{21} & a_{22} & a_{23}\\ a_{11} & a_{12} & a_{13}\end{bmatrix}.$$

(2) 用非零常数遍乘矩阵的某一行称为倍乘变换，如第 3 行遍乘非零常数 k，记为

$$\begin{bmatrix} a_{11} & a_{12} & a_{13} \\ a_{21} & a_{22} & a_{23} \\ a_{31} & a_{32} & a_{33} \end{bmatrix} \xrightarrow{r_3 \times k} \begin{bmatrix} a_{11} & a_{12} & a_{13} \\ a_{21} & a_{22} & a_{23} \\ ka_{31} & ka_{32} & ka_{33} \end{bmatrix}.$$

(3) 将矩阵的某一行遍乘一个常数 k 加到另一行上，称为倍加变换．如第 2 行遍乘常数 k 加到第 3 行上，可记为

$$\begin{bmatrix} a_{11} & a_{12} & a_{13} \\ a_{21} & a_{22} & a_{23} \\ a_{31} & a_{32} & a_{33} \end{bmatrix} \xrightarrow{r_3 + r_2 \times k} \begin{bmatrix} a_{11} & a_{12} & a_{13} \\ a_{21} & a_{22} & a_{23} \\ ka_{21} + a_{31} & ka_{22} + a_{32} & ka_{23} + a_{33} \end{bmatrix}.$$

5. 关于阶梯形矩阵

利用矩阵的初等行变换可以把矩阵转成阶梯形矩阵，这样，便可判定矩阵的秩及判别矩阵是否可逆，阶梯形矩阵在求解线性方程组及方程组解的判别中也有着重要的作用.

阶梯形矩阵必须具备两个条件：

(1) 各非 0 行的第一个非 0 元素，它们的列标随着行标的递增而严格增大；

(2) 0 行(如果有)在下方.

如阶梯形矩阵：

$$\begin{bmatrix} 2 & 0 & 1 & 4 \\ 0 & 3 & 2 & 1 \\ 0 & 0 & 0 & 3 \\ 0 & 0 & 0 & 0 \end{bmatrix}, \text{而} \begin{bmatrix} 2 & 0 & 1 & 4 \\ 0 & 3 & 2 & 1 \\ 0 & 0 & 0 & 0 \\ 0 & 0 & 1 & 3 \end{bmatrix} \text{不是阶梯形矩阵.}$$

6. 关于矩阵的秩

一个矩阵化成阶梯形后，其非 0 行的行数就是该矩阵的秩.

所以，给定一个矩阵，用初等行变换将它化成阶梯形，数一数阶梯形矩阵非 0 的行数，即为原矩阵的秩.

注意：不是阶梯形矩阵，非 0 行行数不一定是矩阵的秩，如

$$\begin{bmatrix} 2 & 0 & 3 \\ 0 & 0 & 4 \\ 0 & 0 & 1 \end{bmatrix}, \text{不能说它的秩是 3.}$$

7. 关于可逆矩阵与逆矩阵

(1) 可逆矩阵的概念.

若 n 阶矩阵 A，B 满足 $AB=BA=I$，则 A 是可逆的.

注意：若只有 $AB=I$，并不能说明 A 是可逆的，如

$$A=\begin{bmatrix}1&1&0\\0&1&2\end{bmatrix},\ B=\begin{bmatrix}1&1\\0&-1\\0&1\end{bmatrix}.$$

因为 A，B 不是方阵，显然不可逆，但是

$$AB=\begin{bmatrix}1&1&0\\0&1&2\end{bmatrix}\begin{bmatrix}1&1\\0&-1\\0&1\end{bmatrix}=\begin{bmatrix}1&0\\0&1\end{bmatrix}.$$

由此可见，可逆矩阵仅对方阵而言，若 A，B 是方阵，只要 $AB=I$，则 A，B 可逆.

(2) 可逆矩阵的判定.

1) 若矩阵满秩，则可逆，否则不可逆.

2) 对于方阵 A，若存在 B，使 $AB=I$，则 A 可逆，且 $A^{-1}=B$.

它和定义的区别在于：定义没强调 A 是方阵；而该命题中强调 A 是方阵，在 A 是方阵的前提下，只要 $AB=I$(或 $BA=I$)，就说明 A 可逆.

3) 用定义.

(3) 用初等行变换求逆矩阵.

$$(AI)_{n\times 2n}\xrightarrow{\text{初等行变换}}(IA^{-1})_{n\times 2n}$$

注意：1) 必须用初等行变换.

2) 求逆矩阵的做法如下：先把 (AI) 化成阶梯形，这时从上而下作初等行变换，如

$$\left[\begin{array}{c|ccc} & 1&0&0\\ A & 0&1&0\\ & 0&0&1\end{array}\right]\longrightarrow\left[\begin{array}{ccc|c}1&0&0& \\0&1&0&A^{-1}\\0&0&1& \end{array}\right].$$

8. 关于求线性方程组的解

(1) 用克莱姆法则求线性方程组的解.

对于含 n 个方程的 n 个未知数的线性方程组

$$\begin{cases}a_{11}x_1+a_{12}x_2+\cdots+a_{1n}x_n=b_1\\a_{21}x_1+a_{22}x_2+\cdots+a_{2n}x_n=b_2\\\vdots\\a_{n1}x_1+a_{n2}x_2+\cdots+a_{nn}x_n=b_n\end{cases},\qquad(9-1)$$

当系数行列式 $D=\begin{vmatrix} a_{11} & a_{12} & \cdots & a_{1n} \\ a_{21} & a_{22} & \cdots & a_{2n} \\ \vdots & \vdots & & \vdots \\ a_{n1} & a_{n2} & \cdots & a_{nn} \end{vmatrix}\neq 0$ 时，方程组(9-1)有且仅有唯一解

$$x_j=\frac{D_j}{D}\ (j=1,\ 2,\ \cdots,\ n),$$

其中，$D_j(j=1,\ 2,\ \cdots,\ n)$是行列式 D 中第 j 列元素 a_{1j}，a_{2j}，…，a_{nj} 对应换位方程组(9-1)的常数项 b_1，b_2，…，b_n 后所得的行列式.

注意，用克莱姆法则求线性方程组的解只适用于含 n 个方程的 n 个未知数的线性方程组.

(2) 用高斯消元法求线性方程组的解.

利用克莱姆法则解方程组，需要用到行列式的计算，这种方法只能解决方程个数与未知数个数相等且系数行列式不等于零的线性方程组，用高斯消元法解线性方程组的指导思想是设法使线性方程组中的一部分方程变成未知量较少的方程. 在实际计算中，对线性方程组的增广矩阵进行初等行变换，使其化为阶梯形矩阵，若出现“0 0 0 … 0 d”($d\neq 0$)行，则方程组无解；否则有解，进一步将阶梯形矩阵化为行简化阶梯形矩阵，从中直接“读出”线性方程组的解(唯一解或一般解).

(3) 关于线性方程组解的情况的判定.

1) 对于不含参数的线性方程组，判断解的情况比较简单，只要把增广矩阵化成阶梯形矩阵，比较系数矩阵的秩就可以了，对于含有参数的线性方程组，首先要根据参数取不同的值来判断系数矩阵和增广矩阵的秩的情况，然后再结合解的判定定理，判断线性方程组解的情况.

2) 无论是齐次线性方程组还是非齐次线性方程组，当有无穷多解时，其一般解中自由未知量的个数都是$(n-r)$个，这是因为若增广矩阵的秩是 r，说明有 r 个未知量可以用其他的未知量(自由未知量)表示，总共有 n 个未知量，因此自由未知量就是$(n-r)$个.

3) 自由未知量选择不是唯一的，所以线性方程组的解的表达式也不是唯一的.

线性方程组的解的情况分析可表示如下：

$$AX \underset{b\neq 0}{=} b\begin{cases}有解\Leftrightarrow 秩(A)=秩(\widetilde{A})\begin{cases}=n，唯一解\\<n，无穷多解\end{cases}\\ 无解\Leftrightarrow 秩(A)\neq 秩(\widetilde{A})\end{cases}$$

$$AX=O\begin{cases}只有0解\Leftrightarrow 秩(\widetilde{A})=n\\ 有非0解\Leftrightarrow 秩(\widetilde{A})<n\end{cases}.$$

9. 关于 n 维向量

(1) 理解向量的定义.

定义：n 个实数组成的有序数组称为 n 维向量.

矩阵 $A=\begin{bmatrix} a_{11} & a_{12} & \cdots & a_{1n} \\ a_{21} & a_{22} & \cdots & a_{2n} \\ \vdots & \vdots & & \vdots \\ a_{m1} & a_{m2} & \cdots & a_{mn} \end{bmatrix}$ 中每一行 $[a_{i1}, a_{i2}, \cdots, a_{in}]$ $(i=1, 2, \cdots, m)$ 都是 n 维向量，每一列 $\begin{bmatrix} b_{1j} \\ b_{2j} \\ \vdots \\ b_{mj} \end{bmatrix}$ $(j=1, 2, \cdots, n)$ 都是 m 维向量.

(2) 向量间的线性关系.

1) 线性组合定义：

对于一组向量 α_1，α_2，…，α_s 和 β，如果存在一组数 k_1，k_2，…，k_s，使 $\beta=k_1\alpha_1+k_2\alpha_2+\cdots+k_s\alpha_s$ 成立，则称向量 β 是向量组 α_1，α_2，…，α_s 的线性组合，或称向量 β 是向量组 α_1，α_2，…，α_s 的线性表示.

2) 线性相关定义：

对于一组向量 α_1，α_2，…，α_s，若存在一组不全为 0 的数 k_1，k_2，…，k_s 使得 $k_1\alpha_1+k_2\alpha_2+\cdots+k_s\alpha_s=0$，则称向量组 α_1，α_2，…，α_s 线性相关，否则向量组线性无关. 当且仅当 $k_1=k_2=\cdots=k_s=0$ 时，才有 $k_1\alpha_1+k_2\alpha_2+\cdots+k_s\alpha_s=0$，则称向量组 α_1，α_2，…，α_s 线性无关.

3) 线性相关的判定：

定理 向量组 α_1，α_2，…，α_s 线性相关的充分必要条件是线性方程组 $k_1\alpha_1+k_2\alpha_2+\cdots+k_s\alpha_s=0$（$k_1$，$k_2$，…，$k_s$ 为未知数）有非零解.

推论　①n 个 n 维向量组 α_1，α_2，…，α_n 线性相关(线性无关)的充要条件是矩阵 $A=(\alpha_1, \alpha_2, \cdots, \alpha_n)$的行列式等于(不等于)零；②向量组 α_1，α_2，…，α_s 线性无关的充要条件是齐次线性方程组 $x_1\alpha_1+x_2\alpha_2+\cdots+x_s\alpha_s=0$ 仅有零解.

即 n 个 n 维向量组 $\alpha_j=(a_{1j}, a_{2j}, \cdots, a_{nj})(j=1, 2, \cdots, n)$的向量组 α_1，α_2，…，α_n 线性相关的充要条件是

$$\begin{vmatrix} a_{11} & a_{12} & \cdots & a_{1n} \\ a_{21} & a_{22} & \cdots & a_{2n} \\ \vdots & \vdots & & \vdots \\ a_{n1} & a_{n2} & \cdots & a_{nn} \end{vmatrix}=0.$$

n 个 n 维向量组 $\alpha_j=(a_{1j}, a_{2j}, \cdots, a_{nj})(j=1, 2, \cdots, n)$的向量组 α_1，α_2，…，α_n 线性无关的充要条件是

$$\begin{vmatrix} a_{11} & a_{12} & \cdots & a_{1n} \\ a_{21} & a_{22} & \cdots & a_{2n} \\ \vdots & \vdots & & \vdots \\ a_{n1} & a_{n2} & \cdots & a_{nn} \end{vmatrix}\neq 0.$$

三、典型例题解析

例 1　利用代数余子式，求行列式 $\begin{vmatrix} 3 & 1 & 0 \\ 0 & -1 & 4 \\ 5 & 2 & 4 \end{vmatrix}$的值.

解：按第一列展开

$$\begin{vmatrix} 3 & 1 & 0 \\ 0 & -1 & 4 \\ 5 & 2 & 4 \end{vmatrix}=3\times(-1)^{1+1}\begin{vmatrix} -1 & 4 \\ 2 & 4 \end{vmatrix}+0\times(-1)^{2+1}\begin{vmatrix} 1 & 0 \\ 2 & 4 \end{vmatrix}+$$

$$5\times(-1)^{3+1}\begin{vmatrix} 1 & 0 \\ -1 & 4 \end{vmatrix}=-36+20=-16.$$

若按其他行(列)展开，答案相同.

例 2　设 $A=\begin{bmatrix} 2 & 0 & -1 \\ 4 & -5 & 6 \end{bmatrix}$，$B=\begin{bmatrix} -3 & 1 \\ 2 & -8 \\ 2 & 1 \end{bmatrix}$，求 $2B^{\mathrm{T}}-A$.

解：$2B^{\mathrm{T}}=2\begin{bmatrix}-3 & 2 & 2\\ 1 & -8 & 1\end{bmatrix}=\begin{bmatrix}-6 & 4 & 4\\ 2 & -16 & 2\end{bmatrix}$

$$2B^{\mathrm{T}}-A=\begin{bmatrix}-6 & 4 & 4\\ 2 & -16 & 2\end{bmatrix}-\begin{bmatrix}2 & 0 & -1\\ 4 & -5 & 6\end{bmatrix}$$

$$=\begin{bmatrix}-6-2 & 4-0 & 4-(-1)\\ 2-4 & -16-(-5) & 2-6\end{bmatrix}$$

$$=\begin{bmatrix}-8 & 4 & 5\\ -2 & -11 & -4\end{bmatrix}.$$

例 3 设矩阵

$$A=\begin{bmatrix}4 & 0 & -1 & 6\\ -1 & 2 & 5 & 3\\ 3 & 7 & 1 & -2\end{bmatrix},\ B=\begin{bmatrix}5 & -1\\ 2 & 0\\ -4 & 7\\ 1 & 3\end{bmatrix},\text{ 求 } AB.$$

解：$AB=\begin{bmatrix}4 & 0 & -1 & 6\\ -1 & 2 & 5 & 3\\ 3 & 7 & 1 & -2\end{bmatrix}\begin{bmatrix}5 & -1\\ 2 & 0\\ -4 & 7\\ 1 & 3\end{bmatrix}$

$$=\begin{bmatrix}4\times5+0\times2+(-1)(-4)+6\times1 & 4\times(-1)+0\times0+(-1)\times7+6\times3\\ (-1)\times5+2\times2+5\times(-4)+3\times1 & (-1)\times(-1)+2\times0+5\times7+3\times3\\ 3\times5+7\times2+1\times(-4)+(-2)\times1 & 3\times(-1)+7\times0+1\times7+(-2)\times3\end{bmatrix}$$

$$=\begin{bmatrix}30 & 7\\ -18 & 45\\ 23 & -2\end{bmatrix}.$$

例 4 设矩阵

$$A=\begin{bmatrix}3 & -4 & 5\\ 2 & -3 & 1\\ 3 & -5 & -1\end{bmatrix},\text{ 求 } A^{-1}.$$

解：利用初等行变换：$(AI)\xrightarrow{\text{初等行变换}}(IA^{-1})$

用 r 代表行，c 代表列，下面对矩阵 A 进行初等行变换，

如 r_3 代表第 3 行，c_2 代表第 2 列，下同.

$$(AI)=\begin{bmatrix}3 & -4 & 5 & 1 & 0 & 0\\ 2 & -3 & 1 & 0 & 1 & 0\\ 3 & -5 & -1 & 0 & 0 & 1\end{bmatrix}\xrightarrow{r_1+r_2\times(-1)}\begin{bmatrix}1 & -1 & 4 & 1 & -1 & 0\\ 2 & -3 & 1 & 0 & 1 & 0\\ 3 & -5 & -1 & 0 & 0 & 1\end{bmatrix}$$

$$\xrightarrow[r_3+r_1\times(-3)]{r_2+r_1\times(-2)}\begin{bmatrix}1&-1&4&1&-1&0\\0&-1&-7&-2&3&0\\0&-2&-13&-3&3&1\end{bmatrix}$$

$$\xrightarrow{r_3+r_2\times(-2)}\begin{bmatrix}1&-1&4&1&-1&0\\0&-1&-7&-2&3&0\\0&0&1&1&-3&1\end{bmatrix}$$

$$\xrightarrow[r_1+r_3\times(-4)]{r_2+r_3\times 7}\begin{bmatrix}1&-1&0&-3&11&-4\\0&-1&0&5&-18&7\\0&0&1&1&-3&1\end{bmatrix}$$

$$\xrightarrow{r_1+r_2\times(-1)}\begin{bmatrix}1&0&0&-8&29&-11\\0&-1&0&5&-18&7\\0&0&1&1&-3&1\end{bmatrix}$$

$$\xrightarrow{r_2\times(-1)}\begin{bmatrix}1&0&0&-8&29&-11\\0&1&0&-5&18&-7\\0&0&1&1&-3&1\end{bmatrix}.$$

所以　$A^{-1}=\begin{bmatrix}-8&29&-11\\-5&18&-7\\1&-3&1\end{bmatrix}.$

例 5　用克莱姆法则解线性方程组：

$$\begin{cases}2x_1+x_2-5x_3+x_4=8\\x_1-3x_2-6x_4=9\\2x_2-x_3+2x_4=-5\\x_1+4x_2-7x_3+6x_4=0\end{cases}$$

解：系数行列式

$$D=\begin{vmatrix}2&1&-5&1\\1&-3&0&-6\\0&2&-1&2\\1&4&-7&6\end{vmatrix}\xlongequal[r_1-r_2\times 2]{r_4-r_2}\begin{vmatrix}0&7&-5&13\\1&-3&0&-6\\0&2&-1&2\\0&7&-7&12\end{vmatrix}$$

$$= -\begin{vmatrix} 7 & -5 & 13 \\ 2 & -1 & 2 \\ 7 & -7 & 12 \end{vmatrix} \xlongequal[c_3+c_2\times 2]{c_1+c_2\times 2} -\begin{vmatrix} -3 & -5 & 3 \\ 0 & -1 & 0 \\ -7 & -7 & -2 \end{vmatrix} = \begin{vmatrix} -3 & 3 \\ -7 & -2 \end{vmatrix} = 27.$$

$$D_1 = \begin{vmatrix} 8 & 1 & -5 & 1 \\ 9 & -3 & 0 & -6 \\ -5 & 2 & -1 & 2 \\ 0 & 4 & -7 & 6 \end{vmatrix} = 81,\ D_2 = \begin{vmatrix} 2 & 8 & -5 & 1 \\ 1 & 9 & 0 & -6 \\ 0 & -5 & -1 & 2 \\ 1 & 0 & -7 & 6 \end{vmatrix} = -108,$$

$$D_3 = \begin{vmatrix} 2 & 1 & 8 & 1 \\ 1 & -3 & 9 & -6 \\ 0 & 2 & -5 & 2 \\ 1 & 4 & 0 & 6 \end{vmatrix} = -27,\ D_4 = \begin{vmatrix} 2 & 1 & -5 & 8 \\ 1 & -3 & 0 & 9 \\ 0 & 2 & -1 & -5 \\ 1 & 4 & -7 & 0 \end{vmatrix} = 27.$$

根据克莱姆法则，原方程的解为

$$x_1 = \frac{D_1}{D} = \frac{81}{27} = 3, \qquad x_2 = \frac{D_2}{D} = \frac{-108}{27} = -4,$$

$$x_3 = \frac{D_3}{D} = \frac{-27}{27} = -1, \qquad x_4 = \frac{D_4}{D} = \frac{27}{27} = 1.$$

例 6 解线性方程组：

$$\begin{cases} 2x_1 + x_2 - x_3 - 8_4 = -1 \\ x_1 + x_2 + x_3 - 5x_4 = 2 \\ x_1 + 2x_2 - 3x_3 = -7 \end{cases}$$

解：增广矩阵

$$\tilde{A} = \begin{bmatrix} 2 & 1 & -1 & -8 & -1 \\ 1 & 1 & 1 & -5 & 2 \\ 1 & 2 & -3 & 0 & -7 \end{bmatrix} \xrightarrow{r_1 \leftrightarrow r_3} \begin{bmatrix} 1 & 2 & -3 & 0 & -7 \\ 1 & 1 & 1 & -5 & 2 \\ 2 & 1 & -1 & -8 & -1 \end{bmatrix}$$

$$\xrightarrow[r_3 + r_1 \times (-2)]{r_2 + r_1 \times (-1)} \begin{bmatrix} 1 & 2 & -3 & 0 & -7 \\ 0 & -1 & 4 & -5 & 9 \\ 0 & -3 & 5 & -8 & 13 \end{bmatrix}$$

$$\xrightarrow{r_3 + r_2 \times (-3)} \begin{bmatrix} 1 & 2 & -3 & 0 & -7 \\ 0 & -1 & 4 & -5 & 9 \\ 0 & 0 & -7 & 7 & -14 \end{bmatrix}$$

$$\xrightarrow[r_3 \times (-\frac{1}{7})]{r_2 \times (-1)} \begin{bmatrix} 1 & 2 & -3 & 0 & -7 \\ 0 & 1 & -4 & 5 & -9 \\ 0 & 0 & 1 & -1 & 2 \end{bmatrix}$$

$$\xrightarrow[r_2+r_3\times 4]{r_1+r_3\times 3}\begin{bmatrix}1&2&0&-3&-1\\0&1&0&1&-1\\0&0&1&-1&2\end{bmatrix}$$

$$\xrightarrow{r_1+r_2\times(-2)}\begin{bmatrix}1&0&0&-5&1\\0&1&0&1&-1\\0&0&1&-1&2\end{bmatrix}.$$

方程组的一般解是

$$\begin{cases}x_1=1+5x_4\\x_2=-1-x_4\\x_3=2+x_4\end{cases}\qquad (x_4\text{ 是自由未知量}).$$

例 7　判断下列齐次线性方程组的解的情况，并求解.

$$\begin{cases}x_1+x_2-x_3-x_4=0\\2x_1-x_2+4x_3-5x_4=0\\x_1+2x_2-3x_3=0\\-x_1+x_2-3x_3+3x_4=0\end{cases}$$

解：系数矩阵

$$A=\begin{bmatrix}1&1&-1&-1\\2&-1&4&-5\\1&2&-3&0\\-1&1&-3&3\end{bmatrix}\xrightarrow[r_4+r_1]{\substack{r_2+r_1\times(-2)\\r_3+r_1\times(-1)}}\begin{bmatrix}1&1&-1&-1\\0&-3&6&-3\\0&1&-2&1\\0&2&-4&2\end{bmatrix}$$

$$\xrightarrow{r_2\times(-\frac{1}{3})}\begin{bmatrix}1&1&-1&-1\\0&1&-2&1\\0&1&-2&1\\0&2&-4&2\end{bmatrix}$$

$$\xrightarrow[r_3+r_2\times(-2)]{r_3+r_2\times(-1)}\begin{bmatrix}0&1&-1&-1\\0&1&-2&1\\0&0&0&0\\0&0&0&0\end{bmatrix}$$

$$\xrightarrow{r_1+r_2\times(-1)}\begin{bmatrix}1&0&1&-2\\0&1&-2&1\\0&0&0&0\\0&0&0&0\end{bmatrix}.$$

方程组的一般解是

$$\begin{cases}x_1 = -x_3 + 2x_4 \\ x_2 = 2x_3 - x_4\end{cases} \quad (x_3,\ x_4 \text{ 是自由未知量}).$$

例 8 λ 为何值时，线性方程组有解？有解时，求出它的解.

$$\begin{cases}x_1 + 2x_2 + x_3 = 1 \\ -2x_1 - 3x_2 - x_3 = -2 \\ 3x_1 + x_2 - 2x_3 = \lambda \\ -x_1 + x_2 + 2x_3 = -1\end{cases}$$

解：增广矩阵

$$\tilde{A} = \begin{bmatrix} 1 & 2 & 1 & 1 \\ -2 & -3 & -1 & -2 \\ 3 & 1 & -2 & \lambda \\ -1 & 1 & 2 & -1 \end{bmatrix} \xrightarrow[r_4 + r_1]{\substack{r_2 + r_1 \times 2 \\ r_3 + r_1 \times (-3)}} \begin{bmatrix} 1 & 2 & 1 & 1 \\ 0 & 1 & 1 & 0 \\ 0 & -5 & -5 & \lambda - 3 \\ 0 & 3 & 3 & 0 \end{bmatrix}$$

$$\xrightarrow[r_4 + r_2 \times (-3)]{r_3 + r_2 \times 5} \begin{bmatrix} 1 & 2 & 1 & 1 \\ 0 & 1 & 1 & 0 \\ 0 & 0 & 0 & \lambda - 3 \\ 0 & 0 & 0 & 0 \end{bmatrix}$$

当 $\lambda - 3 \neq 0$，即 $\lambda \neq 3$ 时，秩$(A) = 2$，秩$(\tilde{A}) = 3$，秩$(A) \neq$ 秩$(\tilde{A})$，方程组无解；

当 $\lambda - 3 = 0$，即 $\lambda = 3$，秩$(A) =$ 秩$(\tilde{A}) = 2 < 3$（未知量个数），方程组有无穷多解.

在有解情况下，将增广矩阵化成行简化阶梯形矩阵

$$\tilde{A} \to \begin{bmatrix} 1 & 0 & -1 & 1 \\ 0 & 1 & 1 & 0 \\ 0 & 0 & 0 & 0 \\ 0 & 0 & 0 & 0 \end{bmatrix}.$$

方程组的一般解是

$$\begin{cases}x_1 = x_3 + 1 \\ x_2 = -x_3\end{cases} \quad (x_3 \text{ 是自由未知量}).$$

四、习题解答

习题 9.1

一、填空题

1. 设 $D=\begin{vmatrix} a^2 & a \\ 3 & 1 \end{vmatrix}$，问 $\underline{\quad a=0 或 3 \quad}$ 时，$D=0$.

2. 若行列式 $D=\begin{vmatrix} k & 2 & 3 \\ -1 & k & 0 \\ 0 & k & 1 \end{vmatrix}=0$，则 $\underline{\quad k=1 或 2 \quad}$.

3. 设 $D=\begin{vmatrix} 1 & 2 & 3 \\ \lambda & 0 & -4 \\ 5 & \lambda & 0 \end{vmatrix}$，则元素 -4 的余子式 $M_{23}=\underline{\quad \lambda-10 \quad}$，元素 2 的代数余子式 $A_{12}=\underline{\quad -20 \quad}$.

二、计算题

1. 计算三阶行列式 $\begin{vmatrix} 1 & 0 & -1 \\ 3 & 5 & 0 \\ 0 & 4 & 1 \end{vmatrix}$.

解： $\begin{vmatrix} 1 & 0 & -1 \\ 3 & 5 & 0 \\ 0 & 4 & 1 \end{vmatrix}=1\times5\times1+3\times4\times(-1)+0\times0\times0-0\times5\times(-1)-$

$1\times0\times4-3\times0\times1=-7.$

2. 计算四阶行列式 $\begin{vmatrix} 1 & 2 & 0 & 1 \\ -1 & 4 & -1 & 5 \\ 2 & 3 & 3 & 1 \\ 3 & 1 & 0 & -2 \end{vmatrix}$.

解： 先对行列式进行行变换，用 r 表示行，用 c 表示列，如 r_3 表示第三行，c_4 表示第四列.

$$\begin{vmatrix} 1 & 2 & 0 & 1 \\ -1 & 4 & -1 & 5 \\ 2 & 3 & 3 & 1 \\ 3 & 1 & 0 & -2 \end{vmatrix} \xlongequal[c_4+c_1\times(-1)]{c_2+c_1\times(-2)} \begin{vmatrix} 1 & 0 & 0 & 0 \\ -1 & 6 & -1 & 6 \\ 2 & -1 & 3 & -1 \\ 3 & -5 & 0 & -5 \end{vmatrix}=0.$$

（因为有两列元素相同）

3. 计算四阶行列式$\begin{vmatrix} 1 & 1 & 1 & 1 \\ a_1 & a & a_2 & a_3 \\ a_2 & a_2 & a & a_3 \\ a_3 & a_3 & a_3 & a \end{vmatrix}$.

解:

$$\begin{vmatrix} 1 & 1 & 1 & 1 \\ a_1 & a & a_2 & a_3 \\ a_2 & a_2 & a & a_3 \\ a_3 & a_3 & a_3 & a \end{vmatrix} \xlongequal[c_4+c_1\times(-1)]{\substack{c_2+c_1\times(-1) \\ c_3+c_1\times(-1)}} \begin{vmatrix} 1 & 0 & 0 & 0 \\ a_1 & a-a_1 & a_2-a_1 & a_3-a_1 \\ a_2 & 0 & a-a_2 & a_3-a_2 \\ a_3 & 0 & 0 & a-a_3 \end{vmatrix}$$

$$= \begin{vmatrix} a-a_1 & a_2-a_1 & a_3-a_1 \\ 0 & a-a_2 & a_3-a_2 \\ 0 & 0 & a-a_3 \end{vmatrix} = (a-a_1)(a-a_2)(a-a_3).$$

习题 9.2

一、选择题

1. 设 A、B 均为方阵，则下列结论正确的是(C).

A. $(AB)^{\mathrm{T}} = A^{\mathrm{T}}B^{\mathrm{T}}$

B. $AA^{\mathrm{T}} = A^{\mathrm{T}}A$

C. $A^{\mathrm{T}} = A$，则$(A^2)^{\mathrm{T}} = A^2$

D. 若 $A^{\mathrm{T}} = A$，$B^{\mathrm{T}} = B$，则$(AB)^{\mathrm{T}} = AB$

2. 设矩阵 $A_{s\times n}$，$B_{n\times m}$，则运算(B)有意义.

A. A^2　　B. AB　　C. BA　　D. AB^{T}

3. 设 A、B、C 均为 n 阶矩阵，下列运算不是运算律的是 (D).

A. $(A+B)+C=(C+A)+B$　　B. $(A+B)C=AC+BC$

C. $A(BC)=(AB)C$　　D. $(AB)C=(AC)B$

4. 已知矩阵 $A=\begin{bmatrix} a_{11} & a_{12} \\ a_{21} & a_{22} \\ a_{31} & a_{32} \end{bmatrix}$，那么能左乘 A 的矩阵是(B).

A. $\begin{bmatrix} b_{11} & b_{12} \\ b_{21} & b_{22} \\ b_{31} & b_{32} \end{bmatrix}$　　　　B. $\begin{bmatrix} b_{11} & b_{12} & b_{13} \end{bmatrix}$

C. $\begin{bmatrix} b_{11} \\ b_{21} \\ b_{31} \end{bmatrix}$　　　　D. $\begin{bmatrix} b_{11} & b_{12} \\ b_{21} & b_{22} \end{bmatrix}$

二、计算题

1. 已知 $A = \begin{bmatrix} 3 & -1 & 2 & 0 \\ 1 & 5 & 7 & 9 \\ 2 & 4 & 6 & 8 \end{bmatrix}$，$B = \begin{bmatrix} 7 & 5 & -2 & 4 \\ 5 & 1 & 9 & 7 \\ 3 & 2 & -1 & 6 \end{bmatrix}$，且 $A + 2X = B$，求 X.

解：由 $A + 2X = B$，

$$得\ X = \frac{1}{2}(B - A) = \frac{1}{2}\left(\begin{bmatrix} 7 & 5 & -2 & 4 \\ 5 & 1 & 9 & 7 \\ 3 & 2 & -1 & 6 \end{bmatrix} - \begin{bmatrix} 3 & -1 & 2 & 0 \\ 1 & 5 & 7 & 9 \\ 2 & 4 & 6 & 8 \end{bmatrix}\right)$$

$$= \begin{bmatrix} 2 & 3 & -2 & 2 \\ 2 & -2 & 1 & -1 \\ \frac{1}{2} & -1 & -\frac{7}{2} & -1 \end{bmatrix}.$$

2. 设 $A = \begin{bmatrix} -3 & 0 & 1 & 5 \\ 2 & -1 & 4 & 7 \\ 1 & 3 & 0 & 6 \end{bmatrix}$，$B = \begin{bmatrix} 7 & -1 & 2 \\ -2 & 4 & 0 \\ 0 & 5 & 3 \\ 1 & -3 & 8 \end{bmatrix}$，求 X，使 $3A + 2X = B^{\mathrm{T}}$.

解：$B^{\mathrm{T}} = \begin{bmatrix} 7 & -2 & 0 & 1 \\ -1 & 4 & 5 & -3 \\ 2 & 0 & 3 & 8 \end{bmatrix}$，由 $3A + 2X = B^{\mathrm{T}}$

$$X = \frac{1}{2}(B^{\mathrm{T}} - 3A)$$

$$= \frac{1}{2}\left(\begin{bmatrix} 7 & -2 & 0 & 1 \\ -1 & 4 & 5 & -3 \\ 2 & 0 & 3 & 8 \end{bmatrix} - 3\begin{bmatrix} -3 & 0 & 1 & 5 \\ 2 & -1 & 4 & 7 \\ 1 & 3 & 0 & 6 \end{bmatrix}\right)$$

$$=\frac{1}{2}\begin{bmatrix}16 & -2 & -3 & -14\\ -7 & 7 & -7 & -24\\ -1 & -9 & 3 & -10\end{bmatrix}.$$

3. 已知 $A=\begin{bmatrix}1 & 2\\ 0 & 4\\ -1 & 1\end{bmatrix}$, $B=\begin{bmatrix}1 & -1 & 3\\ 2 & 0 & 1\end{bmatrix}$, $C=\begin{bmatrix}1 & -2 & 4\\ 3 & -1 & 2\end{bmatrix}$,

求 $A(3B-2C)$.

解: $A(3B-2C)=\begin{bmatrix}1 & 2\\ 0 & 4\\ -1 & 1\end{bmatrix}\left(3\begin{bmatrix}1 & -1 & 3\\ 2 & 0 & 1\end{bmatrix}-2\begin{bmatrix}1 & -2 & 4\\ 3 & -1 & 2\end{bmatrix}\right)$

$$=\begin{bmatrix}1 & 5 & -1\\ 0 & 8 & -4\\ -1 & 1 & -2\end{bmatrix}.$$

三、矩阵 $A=\begin{bmatrix}1 & 2 & -3\\ -4 & -5 & 6\end{bmatrix}$, $B=\begin{bmatrix}-1 & 4\\ 2 & -3\\ 3 & 1\end{bmatrix}$,

验证: $(AB)^{\mathrm{T}}=B^{\mathrm{T}}A^{\mathrm{T}}$.

证明: $A^{T}=\begin{bmatrix}1 & -4\\ 2 & -5\\ -3 & 6\end{bmatrix}$, $B^{\mathrm{T}}=\begin{bmatrix}-1 & 2 & 3\\ 4 & -3 & 1\end{bmatrix}$,

$$AB=\begin{bmatrix}1 & 2 & -3\\ -4 & -5 & 6\end{bmatrix}\begin{bmatrix}-1 & 4\\ 2 & -3\\ 3 & 1\end{bmatrix}=\begin{bmatrix}-6 & -5\\ 12 & 5\end{bmatrix},$$

$$(AB)^{\mathrm{T}}=\begin{bmatrix}-6 & 12\\ -5 & 5\end{bmatrix},$$

$$B^{\mathrm{T}}A^{\mathrm{T}}=\begin{bmatrix}-1 & 2 & 3\\ 4 & -3 & 1\end{bmatrix}\begin{bmatrix}1 & -4\\ 2 & -5\\ -3 & 6\end{bmatrix}=\begin{bmatrix}-6 & 12\\ -5 & 5\end{bmatrix}.$$

所以 $(AB)^{\mathrm{T}}=B^{\mathrm{T}}A^{\mathrm{T}}$.

习题 9.3

一、填空题

1. 设 $A=(a_{ij})_{m\times n}$，$B=(b_{ij})_{s\times t}$，当且仅当 $\underline{\ a_{ij}=b_{ij},\ m=s,\ n=t\ }$ 时，有 $A=B$.

2. 设 $A=(a_{ij})_{m\times n}$，$B=(b_{ij})_{s\times t}$，$C=(c_{ij})_{k\times l}$，若 $AB=C$，则 m，n，s，t，l，k 之间的关系有 $\underline{\ n=s,\ m=k,\ t=l\ }$.

3. 若 A 是对称矩阵，则 $A^{\mathrm{T}}-A=\underline{\ O\ }$.

4. 若矩阵 A 可逆，则 $(A^{\mathrm{T}})^{-1}=\underline{\ (A^{-1})^{\mathrm{T}}\ }$.

5. 设 A、B 均为方阵，若 $AB=I$，则 $A^{-1}=\underline{\ B\ }$. $B^{-1}=\underline{\ A\ }$.

二、选择题

1. 设 A、B、C 均为 n 阶可逆矩阵，且 $ABC=I$，则下列结论必然成立的是(C).

A. $ACB=I$　　B. $BAC=I$　　C. $BCA=I$　　D. $CBA=I$

2. 已知 A 为三阶方阵，$|A|=a\neq 0$，A^* 为伴随矩阵，那么 $|A^*|=$(C).

A. $\dfrac{1}{a}$　　B. a　　C. a^2　　D. a^3

三、计算题

1. 用伴随矩阵求 $A=\begin{bmatrix}1&0&1\\2&1&0\\-3&2&-5\end{bmatrix}$ 的逆矩阵.

解： $|A|=\begin{vmatrix}1&0&1\\2&1&0\\-3&2&-5\end{vmatrix}=2$，$A_{11}=\begin{vmatrix}1&0\\2&-5\end{vmatrix}=-5$，

$A_{12}=-\begin{vmatrix}2&0\\-3&-5\end{vmatrix}=10$，$A_{13}=\begin{vmatrix}2&1\\-3&2\end{vmatrix}=7$，

$A_{21}=-\begin{vmatrix}0&1\\2&-5\end{vmatrix}=2$，$A_{22}=\begin{vmatrix}1&1\\-3&-5\end{vmatrix}=-2$，

$A_{23}=-\begin{vmatrix}1&0\\-3&2\end{vmatrix}=-2$，

$$A_{31}=\begin{vmatrix}0&1\\1&0\end{vmatrix}=-1,\ A_{32}=-\begin{vmatrix}1&1\\2&0\end{vmatrix}=2,\ A_{33}=\begin{vmatrix}1&0\\2&1\end{vmatrix}=1,$$

$$A^{-1}=\frac{1}{|A|}A^*=\frac{1}{2}\begin{bmatrix}-5&2&-1\\10&-2&2\\7&-2&1\end{bmatrix}=\begin{bmatrix}-\frac{5}{2}&1&-\frac{1}{2}\\5&-1&1\\\frac{7}{2}&-1&\frac{1}{2}\end{bmatrix}.$$

2. 已知$A=\begin{bmatrix}1&0&1\\2&1&0\\-3&2&-5\end{bmatrix}$，用伴随矩阵求$(I-A)^{-1}$.

解：$(I-A)=\begin{bmatrix}1&0&0\\0&1&0\\0&0&1\end{bmatrix}-\begin{bmatrix}1&0&1\\2&1&0\\-3&2&-5\end{bmatrix}=\begin{bmatrix}0&0&-1\\-2&0&0\\3&-2&6\end{bmatrix}$,

$$|I-A|=\begin{vmatrix}0&0&-1\\-2&0&0\\3&-2&6\end{vmatrix}=-4,$$

$$(I-A)_{11}=\begin{vmatrix}0&0\\-2&6\end{vmatrix}=0,\ (I-A)_{12}=-\begin{vmatrix}-2&0\\3&6\end{vmatrix}=12,$$

$$(I-A)_{13}=\begin{vmatrix}-2&0\\3&-2\end{vmatrix}=4,\ (I-A)_{21}=-\begin{vmatrix}0&-1\\-2&6\end{vmatrix}=2,$$

$$(I-A)_{22}=\begin{vmatrix}0&-1\\3&6\end{vmatrix}=3,\ (I-A)_{23}=-\begin{vmatrix}0&0\\3&-2\end{vmatrix}=0,$$

$$(I-A)_{31}=\begin{vmatrix}0&-1\\0&0\end{vmatrix}=0,\ (I-A)_{32}=-\begin{vmatrix}0&-1\\-2&0\end{vmatrix}=2,$$

$$(I-A)_{33}=\begin{vmatrix}0&0\\-2&0\end{vmatrix}=0.$$

所以$(I-A)^{-1}=\frac{1}{|I-A|}(I-A)^*$

$$=-\frac{1}{4}\begin{bmatrix}0&2&0\\12&3&2\\4&0&0\end{bmatrix}=\begin{bmatrix}0&-\frac{1}{2}&0\\-3&-\frac{3}{4}&-\frac{1}{2}\\-1&0&0\end{bmatrix}.$$

习题 9.4

1. 利用伴随矩阵求下列矩阵的逆矩阵.

(1) $\begin{bmatrix}2&3\\0&4\end{bmatrix}$;　　(2) $\begin{bmatrix}1&0&0\\1&1&0\\1&1&1\end{bmatrix}$.

解: (1) 设 $A=\begin{bmatrix}2&3\\0&4\end{bmatrix}$,　$|A|=\begin{vmatrix}2&3\\0&4\end{vmatrix}=8$,

$A_{11}=4$,　$A_{12}=0$,　$A_{21}=-3$,　$A_{22}=2$,

$$A^{-1}=\frac{1}{|A|}A^{*}=\frac{1}{8}\begin{bmatrix}4&-3\\0&2\end{bmatrix}=\begin{bmatrix}\frac{1}{2}&-\frac{3}{8}\\0&\frac{1}{4}\end{bmatrix}.$$

(2) 设 $A=\begin{bmatrix}1&0&0\\1&1&0\\1&1&1\end{bmatrix}$, $|A|=\begin{vmatrix}1&0&0\\1&1&0\\1&1&1\end{vmatrix}=1$,　$A_{11}=\begin{vmatrix}1&0\\1&1\end{vmatrix}=1$,

$A_{12}=-\begin{vmatrix}1&0\\1&1\end{vmatrix}=-1$, $A_{13}=\begin{vmatrix}1&1\\1&1\end{vmatrix}=0$,　$A_{21}=-\begin{vmatrix}0&0\\1&1\end{vmatrix}=0$,

$A_{22}=\begin{vmatrix}1&0\\1&1\end{vmatrix}=1$,　$A_{23}=-\begin{vmatrix}1&0\\1&1\end{vmatrix}=-1$.

$A_{31}=\begin{vmatrix}0&0\\1&1\end{vmatrix}=0$,　$A_{32}=-\begin{vmatrix}1&0\\1&0\end{vmatrix}=0$,　$A_{33}=\begin{vmatrix}1&0\\1&1\end{vmatrix}=1$.

所以 $A^{-1}=\frac{1}{|A|}A^{*}=\frac{1}{1}\begin{bmatrix}1&0&0\\-1&1&0\\0&-1&1\end{bmatrix}=\begin{bmatrix}1&0&0\\-1&1&0\\0&-1&1\end{bmatrix}$.

2. 利用初等变换法求下列矩阵的逆矩阵.

(1) $\begin{bmatrix}2&3&4\\5&-2&1\\1&2&3\end{bmatrix}$;　　(2) $\begin{bmatrix}-2&-5&2\\3&7&-3\\-4&-10&3\end{bmatrix}$.

解: (1) $[A\quad E]=\begin{bmatrix}2&3&4&1&0&0\\5&-2&1&0&1&0\\1&2&3&0&0&1\end{bmatrix}$

$$\xrightarrow{r_1\leftrightarrow r_3}\begin{bmatrix}1&2&3&0&0&1\\5&-2&1&0&1&0\\2&3&4&1&0&0\end{bmatrix}$$

$$\xrightarrow[r_3+r_1\times(-2)]{r_2+r_1\times(-5)}\begin{bmatrix}1&2&3&0&0&1\\0&-12&-14&0&1&-5\\0&-1&-2&1&0&-2\end{bmatrix}$$

$$\xrightarrow{r_3\leftrightarrow r_2}\begin{bmatrix}1&2&3&0&0&1\\0&-1&-2&1&0&-2\\0&-12&-14&0&1&-5\end{bmatrix}$$

$$\xrightarrow{r_2\times(-1)}\begin{bmatrix}1&2&3&0&0&1\\0&1&2&-1&0&2\\0&-12&-14&0&1&-5\end{bmatrix}$$

$$\xrightarrow{r_3+r_2\times 12}\begin{bmatrix}1&2&3&0&0&1\\0&1&2&-1&0&2\\0&0&10&-12&1&19\end{bmatrix}$$

$$\xrightarrow{r_3\times\frac{1}{10}}\begin{bmatrix}1&2&3&0&0&1\\0&1&2&-1&0&2\\0&0&1&-\frac{6}{5}&\frac{1}{10}&\frac{19}{10}\end{bmatrix}$$

$$\xrightarrow{r_1+r_2\times(-2)}\begin{bmatrix}1&0&-1&2&0&-3\\0&1&2&-1&0&2\\0&0&1&-\frac{6}{5}&\frac{1}{10}&\frac{19}{10}\end{bmatrix}$$

$$\xrightarrow[r_2+r_3\times(-2)]{r_1+r_3}\begin{bmatrix}1&0&0&\frac{4}{5}&\frac{1}{10}&-\frac{11}{10}\\0&1&0&\frac{7}{5}&-\frac{1}{5}&-\frac{9}{5}\\0&0&1&-\frac{6}{5}&\frac{1}{10}&\frac{19}{10}\end{bmatrix}.$$

所以 $A^{-1}=\begin{bmatrix}\frac{4}{5}&\frac{1}{10}&-\frac{11}{10}\\\frac{7}{5}&-\frac{1}{5}&-\frac{9}{5}\\-\frac{6}{5}&\frac{1}{10}&\frac{19}{10}\end{bmatrix}$.

（2）与上题的方法一样可求得 $A^{-1}=\begin{bmatrix}9 & 5 & -1\\ -3 & -2 & 0\\ 2 & 0 & -1\end{bmatrix}$.

3. 已知矩阵 $A=\begin{bmatrix}1 & 0 & 1\\ 2 & 1 & 0\\ -3 & 2 & -5\end{bmatrix}$，求 A^{-1} 及 $(E-A)^{-1}$.

解：用伴随矩阵的方法求逆矩阵：

$$|A|=\begin{vmatrix}1 & 0 & 1\\ 2 & 1 & 0\\ -3 & 2 & -5\end{vmatrix}=2,\ A_{11}=\begin{vmatrix}1 & 0\\ 2 & -5\end{vmatrix}=-5,$$

$$A_{12}=-\begin{vmatrix}2 & 0\\ -3 & -5\end{vmatrix}=10,\ A_{13}=\begin{vmatrix}2 & 1\\ -3 & 2\end{vmatrix}=7,$$

$$A_{21}=-\begin{vmatrix}0 & 1\\ 2 & -5\end{vmatrix}=2,\ A_{22}=\begin{vmatrix}1 & 1\\ -3 & -5\end{vmatrix}=-2,$$

$$A_{23}=-\begin{vmatrix}1 & 0\\ -3 & 2\end{vmatrix}=-2,\ A_{31}=\begin{vmatrix}0 & 1\\ 1 & 0\end{vmatrix}=-1,$$

$$A_{32}=-\begin{vmatrix}1 & 1\\ 2 & 0\end{vmatrix}=2,\ A_{33}=\begin{vmatrix}1 & 0\\ 2 & 1\end{vmatrix}=1.$$

所以 $A^{-1}=\dfrac{1}{|A|}A^*$

$$=\frac{1}{2}\begin{bmatrix}-5 & 2 & -1\\ 10 & -2 & 2\\ 7 & -2 & 1\end{bmatrix}=\begin{bmatrix}-\frac{5}{2} & 1 & -\frac{1}{2}\\ 5 & -1 & 1\\ \frac{7}{2} & -1 & \frac{1}{2}\end{bmatrix}.$$

同理可求　$(E-A)^{-1}=\begin{bmatrix}0 & -\frac{1}{2} & 0\\ -3 & -\frac{3}{4} & -\frac{1}{2}\\ -1 & 0 & 0\end{bmatrix}$.

习题 9.5

1. 用克莱姆法则解线性方程组.

$$\begin{cases} x_1+2x_2-7x_3=0 \\ 4x_1-7x_2+2x_3=0 \\ 7x_1-4x_2-x_3=12 \end{cases}$$

解：$D=\begin{vmatrix} 1 & 2 & -7 \\ 4 & -7 & 2 \\ 7 & -4 & -1 \end{vmatrix}=-180$，$D_1=\begin{vmatrix} 0 & 2 & -7 \\ 0 & -7 & 2 \\ 12 & -4 & -1 \end{vmatrix}=-540$，

$D_2=\begin{vmatrix} 1 & 0 & -7 \\ 4 & 0 & 2 \\ 7 & 12 & -1 \end{vmatrix}=-360$，$D_3=\begin{vmatrix} 1 & 2 & 0 \\ 4 & -7 & 0 \\ 7 & -4 & 12 \end{vmatrix}=-180$，

$x_1=\dfrac{D_1}{D}=\dfrac{-540}{-180}=3$，$x_2=\dfrac{D_2}{D}=\dfrac{-360}{-180}=2$，$x_3=\dfrac{D_3}{D}=\dfrac{-180}{-180}=1$.

所以，原方程组的解 $\begin{cases} x_1=3 \\ x_2=2. \\ x_3=1 \end{cases}$

2. 用高斯消元法解下列方程组：

$$\begin{cases} x_1+2x_2-x_3=1 \\ 2x_1-x_2+x_3=4 \\ 3x_1-4x_2+3x_3=7 \end{cases}$$

解：增广矩阵：

$$\widetilde{A}=\begin{bmatrix} 1 & 2 & -1 & 1 \\ 2 & -1 & 1 & 4 \\ 3 & -4 & 3 & 7 \end{bmatrix}\xrightarrow[r_3+r_1\times(-3)]{r_2+r_1\times(-2)}\begin{bmatrix} 1 & 2 & -1 & 1 \\ 0 & -5 & 3 & 2 \\ 0 & -10 & 6 & 4 \end{bmatrix}$$

$$\xrightarrow{r_3+r_2\times(-2)}\begin{bmatrix} 1 & 2 & -1 & 1 \\ 0 & -5 & 3 & 2 \\ 0 & 0 & 0 & 0 \end{bmatrix}$$

$$\xrightarrow{r_2\times\left(-\frac{1}{5}\right)}\begin{bmatrix} 1 & 2 & -1 & 1 \\ 0 & 1 & -\frac{3}{5} & -\frac{2}{5} \\ 0 & 0 & 0 & 0 \end{bmatrix}$$

$$\xrightarrow{r_1+r_2\times(-2)}\begin{bmatrix}1&0&\frac{1}{5}&\frac{9}{5}\\0&1&-\frac{3}{5}&-\frac{2}{5}\\0&0&0&0\end{bmatrix}.$$

所以原方程组解为 $\begin{cases}x_1=\frac{9}{5}-\frac{1}{5}c\\x_2=-\frac{2}{5}+\frac{3}{5}c\\x_3=c\end{cases}$ （c 为任意常数）.

习题 9.6

1. 已知 $\alpha_1=[1, 2, -1]$，$\alpha_2=[2, 5, 3]$，$\alpha_3=[1, 3, 4]$，求 $4\alpha_3+3\alpha_1-2\alpha_2$.

解：$4\alpha_3+3\alpha_1-2\alpha_2$

$=4[1, 3, 4]+3[1, 2, -1]-2[2, 5, 3]=[3, 8, 7]$.

2. 已知 $\alpha_1=[1, 0, 1]$，$\alpha_2=[1, 1, 1]$，$\alpha_3=[0, -1, -1]$，$\beta=[3, 5, -6]$. 将 β 表示成 α_1，α_2，α_3 的线性组合.

解：设 $\beta=k_1\alpha_1+k_2\alpha_2+k_3\alpha_3$，

可得 $[3, 5, -6]$

$=k_1[1, 0, 1]+k_2[1, 1, 1]+k_3[0, -1, -1]$，

得方程组 $\begin{cases}k_1+k_2=3\\k_2-k_3=5\\k_1+k_2-k_3=-6\end{cases}$，解得 $\begin{cases}k_1=-11\\k_2=14\\k_3=9\end{cases}$.

所以 $\beta=-11\alpha_1+14\alpha_2+9\alpha_3$.

3. 求向量组 $\alpha_1=[2, 4, 2]$，$\alpha_2=[1, 1, 0]$，$\alpha_3=[2, 3, 1]$，$\alpha_4=[3, 5, 2]$ 的极大无关组，并把其余向量用该极大无关组线性表示.

解：将 α_1，α_2，α_3，α_4 作为矩阵 A 的行向量，对矩阵 A 进行初等行变换

$$A=\begin{bmatrix}1&1&0\\2&4&2\\2&3&1\\3&5&2\end{bmatrix}\begin{matrix}a_2\\a_1\\a_3\\a_4\end{matrix}\xrightarrow[r_4+r_1\times(-3)]{\substack{r_2+r_1\times(-2)\\ r_3+r_1\times(-2)}}\begin{bmatrix}1&1&0\\0&2&2\\0&1&1\\0&1&1\end{bmatrix}\begin{matrix}a_2\\-2a_2+a_1\\-2a_2+a_3\\-3a_2+a_4\end{matrix}$$

$$\xrightarrow{r_2\leftrightarrow r_3}\begin{bmatrix}1&1&0\\0&1&1\\0&2&2\\0&2&2\end{bmatrix}\begin{matrix}a_2\\-2a_2+a_3\\-2a_2+a_1\\-3a_2+a_4\end{matrix}\xrightarrow[r_4+r_2\times(-2)]{r_3+r_2\times(-2)}\begin{bmatrix}1&1&0\\0&1&1\\0&0&0\\0&0&0\end{bmatrix}\begin{matrix}a_2\\-2a_2+a_3\\a_1+2a_2-2a_3\\a_2-2a_3+a_4\end{matrix}.$$

所以一个极大无关组为 α_1，α_2；并且 $\alpha_3=\frac{1}{2}\alpha_1+\alpha_2$，$\alpha_4=\alpha_1+\alpha_2$.

4. 判断向量组 $\alpha_1=[1,0,2]$，$\alpha_2=[1,1,1]$，$\alpha_3=[3,1,5]$是否线性相关？

解：$\begin{vmatrix}1&1&3\\0&1&1\\2&1&5\end{vmatrix}=0$，所以向量组线性相关.

5. 求矩阵 $A=\begin{bmatrix}1&-3&4&5\\2&-2&7&9\\3&3&9&12\end{bmatrix}$的秩.

解：$A=\begin{bmatrix}1&-3&4&5\\2&-2&7&9\\3&3&9&12\end{bmatrix}\xrightarrow[r_3+r_1\times(-3)]{r_2+r_1\times(-2)}\begin{bmatrix}1&-3&4&5\\0&4&-1&-1\\0&12&-3&-3\end{bmatrix}$

$$\xrightarrow{r_3+r_2\times(-3)}\begin{bmatrix}1&-3&4&5\\0&4&-1&-1\\0&0&0&0\end{bmatrix}.$$

所以 $r(A)=2$，即原矩阵的秩为 2.

习题 9.7

一、填空题

1. 线性方程组$\begin{cases} a_{11}x_1+a_{12}x_2+\cdots+a_{1n}x_n=0 \\ a_{21}x_1+a_{22}x_2+\cdots+a_{2n}x_n=0 \\ \vdots \\ a_{m1}x_1+a_{m2}x_2+\cdots+a_{mn}x_n=0 \end{cases}$

系数矩阵 $A=\begin{bmatrix} a_{11} & a_{12} & \cdots & a_{1n} \\ a_{21} & a_{22} & \cdots & a_{2n} \\ \vdots & \vdots & & \vdots \\ a_{m1} & a_{m2} & \cdots & a_{mn} \end{bmatrix}$;

增广矩阵 $\widetilde{A}=\begin{bmatrix} a_{11} & a_{12} & \cdots & a_{1n} & b_1 \\ a_{12} & a_{22} & \cdots & a_{2n} & b_2 \\ \vdots & \vdots & & \vdots & \vdots \\ a_{m1} & a_{m2} & \cdots & a_{mn} & b_m \end{bmatrix}$

其解有三种情况：(1) <u>无解</u>；(2) <u>唯一解</u>；(3) <u>无穷多解</u>.

将增广矩阵 $\widetilde{A}$ 用初等变换化成阶梯形矩阵时，若出现“0 0 … 0 d”($d\neq0$)行，则线性方程组无解；否则，若非 0 行个数 <u>等于</u> 未知量个数，则有唯一解；若非 0 行个数 <u>小于</u> 未知量个数，则有无穷多解.

2. 已知线性方程组 $AX=B$ 的增广矩阵是

$\widetilde{A}=\begin{bmatrix} 1 & 2 & -3 & 0 & -7 \\ 0 & 1 & -1 & 2 & -5 \\ 0 & -2 & 2 & -4 & 10 \\ 0 & 0 & 0 & 0 & 0 \end{bmatrix}$，则方程组的一般解是________.

解：$\widetilde{A}=\begin{bmatrix} 1 & 2 & -3 & 0 & -7 \\ 0 & 1 & -1 & 2 & -5 \\ 0 & -2 & 2 & -4 & 10 \\ 0 & 0 & 0 & 0 & 0 \end{bmatrix}\xrightarrow{r_3+r_2\times 2}\begin{bmatrix} 1 & 2 & -3 & 0 & -7 \\ 0 & 1 & -1 & 2 & -5 \\ 0 & 0 & 0 & 0 & 0 \\ 0 & 0 & 0 & 0 & 0 \end{bmatrix}$

$$\xrightarrow{r_1+r_2\times(-2)}\begin{bmatrix}1&0&-1&-4&3\\0&1&-1&2&-5\\0&0&0&0&0\\0&0&0&0&0\end{bmatrix}.$$

所以原方程组的解

$$\begin{cases}x_1=x_3+4x_4+3\\x_2=x_3-2x_4-5\end{cases}\quad(x_3,\ x_4\text{ 是自由未知量}).$$

3. 用消元法解线性方程组 $AX=B$，其增广矩阵 $\tilde{A}$ 经初等行变换化为阶梯形矩阵

$$\tilde{A}\longrightarrow\begin{bmatrix}1&2&3&1&1\\0&1&-1&2&0\\0&0&1&-1&2\\0&0&0&s&t\end{bmatrix}$$

则(1)当__$s=0$，$t\neq0$__时，$AX=B$ 无解；

(2) 当__$s=0$，$t=0$__时，$AX=B$ 有无穷多解；

(3)当__$s\neq0$，t 是任意常数__时，$AX=B$ 有唯一解.

4. 齐次线性方程组$\begin{cases}x_1+x_2=0\\\lambda x_1+x_2=0\end{cases}$，当 $\lambda=$__1__时，有非 0 解.

5. 某个线性方程组的一般解为$\begin{cases}x_1=-x_3+x_4+1\\x_2=2x_3-x_4-2\end{cases}$（其中 x_3，x_4 是自由未知量），若用 x_1，x_2 作自由未知量，则一般解表示为__$\begin{cases}x_3=x_1+x_2+1\\x_4=2x_1+x_2\end{cases}$（$x_1$，$x_2$ 是自由未知量）__.

二、选择题

1. 线性方程组 $A_{m\times n}X=B$ 有解的充分必要条件是（D）.

A. $B=O$　　B. $m<n$

C. $m=n$　　D. 秩$(A)=$秩$(\tilde{A})$

2. 以下结论正确的是（D）.

A. 方程的个数小于未知量的个数的线性方程组一定有无穷多解

B. 方程的个数等于未知量的个数的线性方程组一定有唯一解

C. 方程的个数大于未知量的个数的线性方程组一定无解

D. A，B，C 都不对

三、解下列方程组

1. $\begin{cases}2x_1-5x_2+3x_3+2x_4=1\\5x_1-8x_2+5x_3+4x_4=3\end{cases}$；　2. $\begin{cases}5x_1+9x_2+3x_3=8\\2x_1+5x_2+x_3=1\\x_1+3x_2+x_3=0\end{cases}$.

解：1. 把 x_3，x_4 当作自由未知量，原方程组的解可以表示为

$$\begin{cases}x_1=-\dfrac{1}{9}x_3-\dfrac{4}{9}x_4+\dfrac{7}{9}\\x_2=\dfrac{5}{9}x_3+\dfrac{2}{9}x_4+\dfrac{1}{9}\end{cases}\quad（x_3，x_4\text{ 是自由未知量}）.$$

2. 用克莱姆法则

$$D=\begin{vmatrix}5&9&3\\2&5&1\\1&3&1\end{vmatrix}=4，D_1=\begin{vmatrix}8&9&3\\1&5&1\\0&3&1\end{vmatrix}=16，$$

$$D_2=\begin{vmatrix}5&8&3\\2&1&1\\1&0&1\end{vmatrix}=-6，D_3=\begin{vmatrix}5&9&8\\2&5&1\\1&3&0\end{vmatrix}=2，$$

$$x_1=\frac{D_1}{D}=\frac{16}{4}=4，x_2=\frac{D_2}{D}=-\frac{6}{4}=-\frac{3}{2}，x_3=\frac{D_3}{D}=\frac{2}{4}=\frac{1}{2}.$$

所以原方程组的解是

$$\begin{cases}x_1=4\\x_2=-\dfrac{3}{2}\\x_3=\dfrac{1}{2}.\end{cases}$$

四、解齐次方程组 $\begin{cases}x_1+3x_2-x_3=0\\3x_1-x_2+2x_3=0\\-2x_1+5x_2+x_3=0\\3x_1+10x_2+x_3=0\end{cases}$

$$A=\begin{bmatrix}1&3&-1\\3&-1&2\\-2&5&1\\3&10&1\end{bmatrix}\xrightarrow[r_4+r_1\times(-3)]{\substack{r_2+r_1\times(-3)\\r_3+r_1\times2}}\begin{bmatrix}1&3&-1\\0&-10&5\\0&11&-1\\0&1&4\end{bmatrix}$$

$$\xrightarrow{r_2\leftrightarrow r_4}\begin{bmatrix}1&3&-1\\0&1&4\\0&11&-1\\0&-10&5\end{bmatrix}$$

$$\xrightarrow[r_4+r_2\times 10]{r_3+r_2\times(-11)}\begin{bmatrix}1&3&-1\\0&1&4\\0&0&-45\\0&0&45\end{bmatrix}\xrightarrow{r_4+r_3}\begin{bmatrix}1&3&-1\\0&1&4\\0&0&-45\\0&0&0\end{bmatrix}.$$

$r(A)=3$，所以原方程组只有零解.

五、判断下列齐次方程组是否有非零解？如果有，求其解.

$$\begin{cases}x_1+x_2+x_3+4x_4-3x_5=0\\x_1-x_2+3x_3-2x_4-x_5=0\\2x_1+x_2+3x_3+5x_4-5x_5=0\\3x_1+x_2+5x_3+6x_4-7x_5=0\end{cases}$$

解：$A=\begin{bmatrix}1&1&1&4&-3\\1&-1&3&-2&-1\\2&1&3&5&-5\\3&1&5&6&-7\end{bmatrix}\xrightarrow[r_4+r_1\times(-3)]{\substack{r_2+r_1\times(-1)\\r_3+r_1\times(-2)}}\begin{bmatrix}1&1&1&4&-3\\0&-2&2&-6&2\\0&-1&1&-3&1\\0&-2&2&-6&2\end{bmatrix}$

$$\xrightarrow{r_2\leftrightarrow r_3}\begin{bmatrix}1&1&1&4&-3\\0&-1&1&-3&1\\0&-2&2&-6&2\\0&-2&2&-6&2\end{bmatrix}$$

$$\xrightarrow[r_4+r_2\times(-2)]{r_3+r_2\times(-2)}\begin{bmatrix}1&1&1&4&-3\\0&-1&1&-3&1\\0&0&0&0&0\\0&0&0&0&0\end{bmatrix}$$

$$\xrightarrow{r_1+r_2}\begin{bmatrix}1&0&2&1&-2\\0&-1&1&-3&1\\0&0&0&0&0\\0&0&0&0&0\end{bmatrix}.$$

原方程组的解是

$$\begin{cases} x_1 = -2c_1 - c_2 + 2c_3 \\ x_2 = c_1 - 3c_2 + c_3 \\ x_3 = c_1 \\ x_4 = c_2 \\ x_5 = c_3 \end{cases} \quad (c_1, c_2, c_3 \text{ 为任意常数}).$$

参考文献

1. 赵树嫄，等．高等数学基础[M]．北京：中国人民大学出版社，2004.

2. 郭子君，李绍明，等．经济数学[M]．广州：中山大学出版社，2008.

3. 陈庆华．高等数学[M]．北京：高等教育出版社，2001.

4. 黎诣远，李林曙．经济数学基础[M]．北京：高等教育出版社，1999.

5. 李林曙．跟我学经济数学[M]．北京：高等教育出版社，1999.

6. 张唯春，刘汝臣．实用经济数学[M]．沈阳：东北大学出版社，2008.

7. 龚友运，李雪银．概率与统计[M]．武汉：华中科技大学出版社，2004.

8. 李祥伦．概率与统计初步[M]．北京：高等教育出版社，1987.

9. 柴伟文，等．简明线性代数教程[M]．北京：科学出版社，2012.

10. 孙海元．高等数学：微积分[M]．武汉：华中科技大学出版社，2009.

11. 唐志丰，等．微积分学：下册[M]．杭州：浙江大学出版社，2010.

12. 柳宿荣，梅家斌．微积分[M]．武汉：华中科技大学出版社，2009.

13. 任平．经济数学基础：第4版[M]．广州：暨南大学出版社，2006.

14. 张小康，等．经济数学：第2版[M]．广州：广东高等教育出版社，2008.

15. 赖章荣，等．数学[M]．广州：暨南大学出版社，2010.